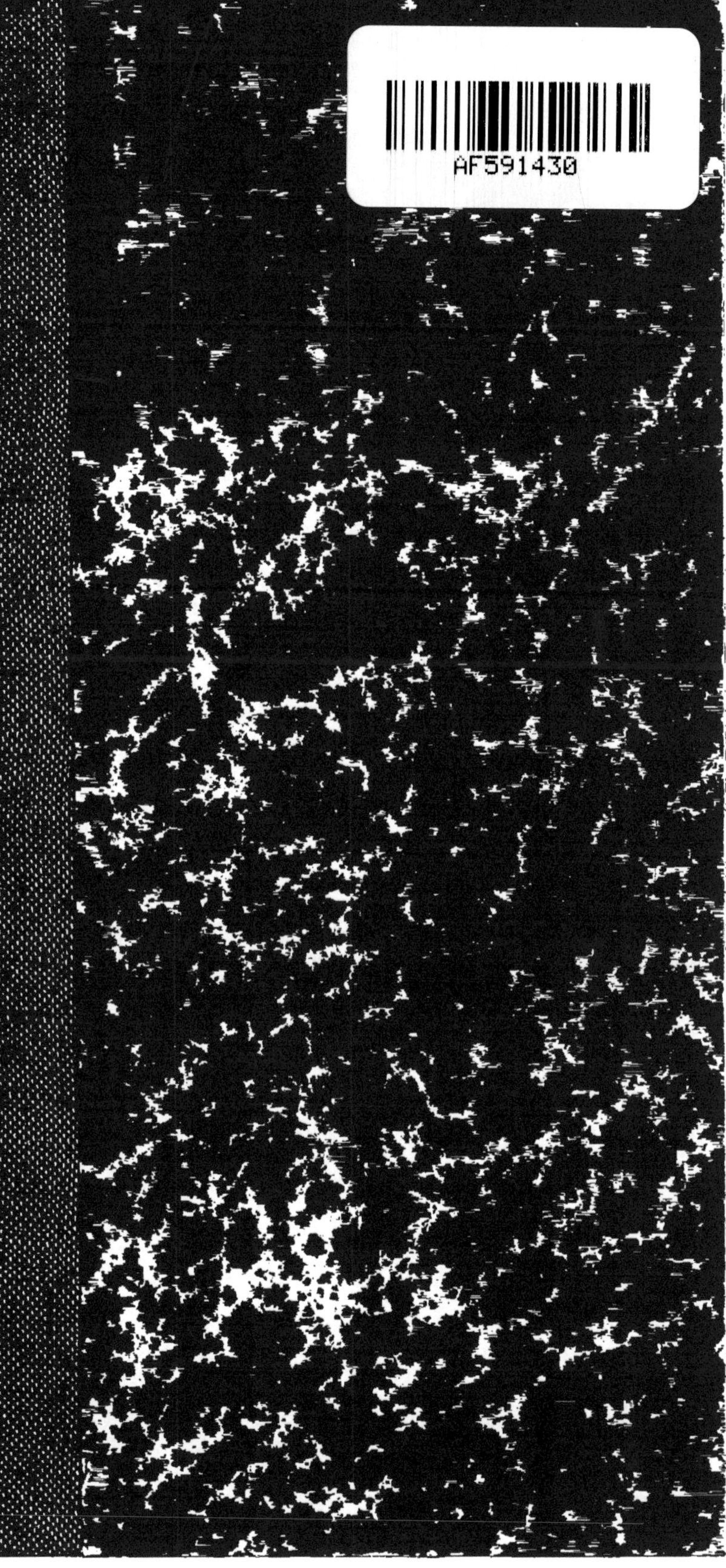

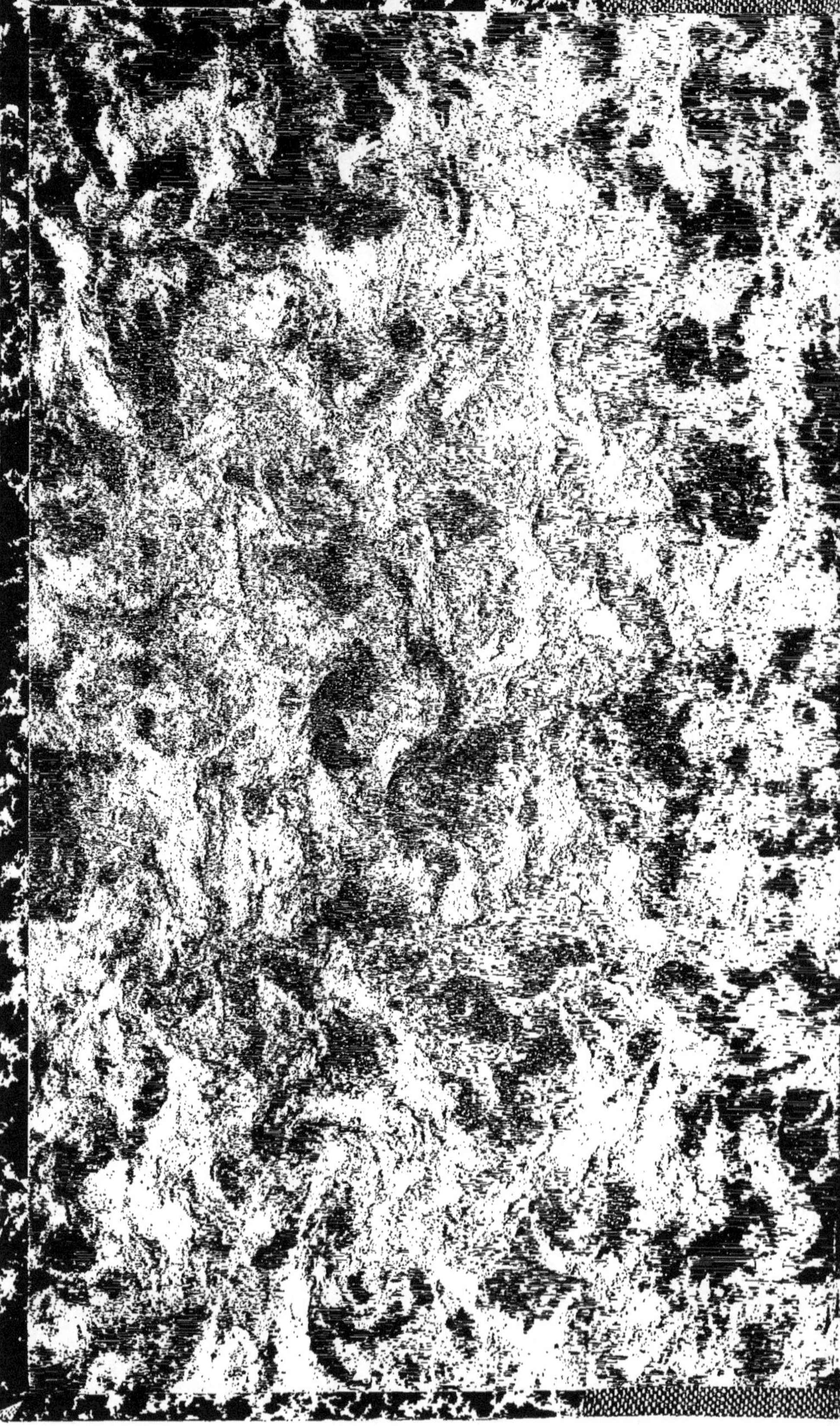

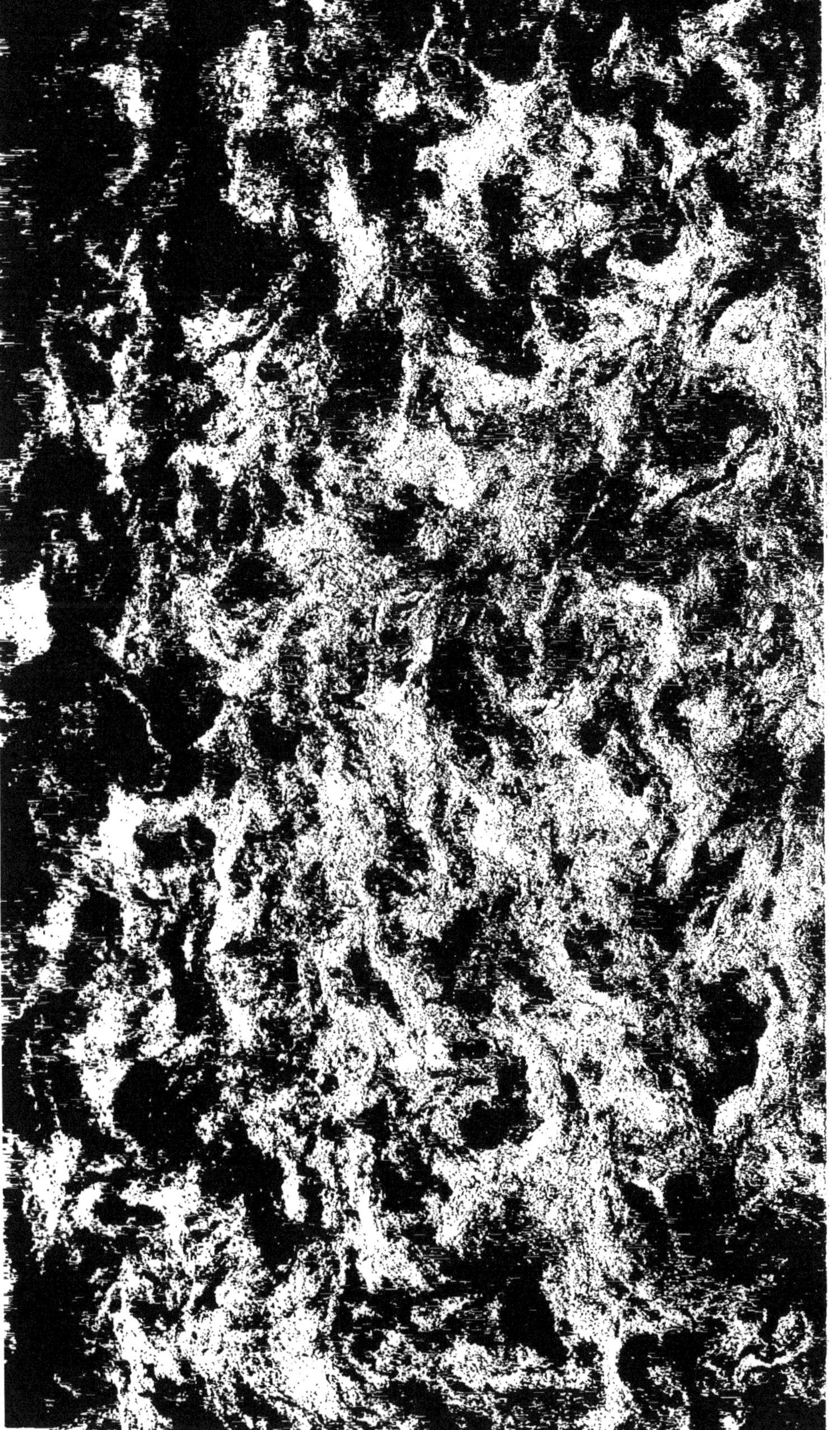

ESSAI

SUR LE

VOCALISME DU SOG[illegible]

thèse complémentaire pour le doctorat ès le[illegible]
présentée à la Faculté des Lettres de Pari[illegible]

PAR

R. GAUTHIOT

AGRÉGÉ D'ALLEMAND
ÉLÈVE DIPLOMÉ DE L'ÉCOLE DES HAUTES ÉTUDES
DIRECTEUR ADJOINT A L'ÉCOLE DES HAUTES ÉTUDES

PARIS
LIBRAIRIE PAUL GEUTHNER
13, RUE JACOB, 13

1913

ESSAI

SUR LE

VOCALISME DU SOGDIEN

ESSAI SUR LE VOCALISME DU SOGDIEN

thèse complémentaire pour le doctorat ès lettres
présentée à la Faculté des Lettres de Paris

PAR

R. GAUTHIOT
AGRÉGÉ D'ALLEMAND
ÉLÈVE DIPLOMÉ DE L'ÉCOLE DES HAUTES ÉTUDES
DIRECTEUR ADJOINT A L'ÉCOLE DES HAUTES ÉTUDES

PARIS
LIBRAIRIE PAUL GEUTHNER
13, RUE JACOB, 13
1913

INTRODUCTION

Ce livre est consacré à l'étude de la langue sogdienne, telle qu'elle nous apparaît dans un certain nombre de documents, rapportés d'Asie Centrale et, en particulier, de la province chinoise du Kan-Sou, dans ces dernières années. Il s'agit sinon d'une langue nouvelle, au moins d'une langue retrouvée ; le nom de « sogdien » ne désignait plus depuis longtemps aucune langue, mais seulement un peuple, disparu d'ailleurs, dont le centre était la ville de Samarcande, dans le Turkestan aujourd'hui russe.

Ce peuple est cité par les Achéménides et par les Grecs comme l'une des nations soumises au Roi des Rois. Les Σόγδοι figurent dans les listes d'Hérodote, le Suguda- dans les Inscriptions de Darius (p. ex. Bisoutoun, I, 7), et un Sogdien est représenté sur le monument funéraire de Darius Hystaspes avec la figure barbue, le pantalon long, et les vêtements ajustés qui plus tard attireront l'attention des voyageurs chinois (cf. *Die Keilinschriften am Grabe des Darius Hystaspis*, par M. Weissbach, dans les *Abhandlungen* de l'Académie de Saxe, t. 29, p. 46 et ss).

L'Avesta connaît *Suγda-* « les Sogdiens, la Sogdiane » et *suγδōšayana-* « le séjour des Sogdiens » ; mais il n'en donne, lui, presque aucun trait caractéristique. Le seul fait certain est que le fléau dont souffre la terre de Sogdiane est la présence des sauterelles. Rien n'est plus naturel dans un pays comme le Turkestan russe actuel. Il est curieux de noter à ce propos que l'on connaît trois noms différents de la sauterelle en persan : l'un **maδax* (ancien **maδakha-*) est particulier à la langue du Nord de la Perse, à l' « arsacide », si l'on veut, et son existence comme sa forme sont attestées par l'emprunt arménien *marax* (v. Hübschmann, *Pers. St.*, p. 100 et cf. Meillet, *M. S. L.*, t. 17, p. 245) ; le second *maig* appartient au persan proprement dit, au dialecte du Sud-Ouest, et remonte à **maδaka-*,**maδika-* ; le troisième enfin apparaît dans la langue persane aussi, mais est à coup sûr un emprunt : c'est *malax*, d'un ancien **maδakha-*. Ce *malax* repose sur la même forme que l'original de arm. *marax*, et se rapproche ainsi des dialectes du Nord de la Perse ; mais le changement de *δ en *l* l'en sépare. Horn (*Grundr. d. pers. Etymologie*, s. u.) a comparé l'afghan *mlax* ; mais le renseignement transmis par l'Avesta est en faveur d'une origine sogdienne, d'autant que nous savons maintenant qu'il y a eu un dialecte sogdien important où *δ* est devenu *l*. On a vu, par ailleurs, que l'emprunt de mots sogdiens par la langue persane de la renaissance n'est pas fait pour surprendre (cf. Firdausī, *Šāh-nāma*, p. 138, v. 1059, éd. Vullers ; — Gauthiot, *J. A.*, juill.-août 1911, p. 57 et s.).

Mais l'accord, qui ne peut guère être fortuit, entre la tradition avestique sur les sauterelles de la Sogdiane et la présence du mot *malax* en persan, n'est qu'une curiosité. Sur la langue sogdienne même, la pénurie de renseignements est extrême. Une seule remarque vaut la peine d'être relevée ; c'est celle que rapporte Strabon (XV, chap. 2) quand il dit : ἐπεκτείνεται δὲ τοὔνομα τῆς Ἀριανῆς καὶ ἔτι μέχρι τῶν πρὸς ἄρκτον Βακτρίων καὶ Σογδιανῶν εἰσὶ γάρ πως καὶ ὁμόγλωττοι παρὰ μικρόν. Les Bactriens dont il s'agit étaient des Iraniens et n'avaient pas subi encore toutes les invasions dont ils ont été les victimes par la suite ;

et l'on voit clairement que d'après les Grecs, les Sogdiens et les gens du Nord-Est en général, parlaient une langue sensiblement une, langue iranienne, dont le nom était souvent celui des Ἄρειοι, des habitants de l'Ἀριανή et nullement celui des Perses. Cette langue ne peut avoir été que le « scythique » ou une variété du scythique : le groupement des peuples tel qu'il est donné à la fois par Hérodote et Darius en témoigne d'abord (cf. Tomaschek, *Sitzungsberichte* de l'Académie de Vienne, 1877, p. 67 et s.) ; d'après Hérodote, les Σόγδοι ont pour voisins immédiats les Χοράσμιοι et les Ἄρειοι scythiques, et plus loin les Πάρθοι, les Γανδάριοι et les Δαδίκαι. Les grandes inscriptions groupent les pays des Parthes, des Ariens, des Sogdiens, des Xorazmiens, des Bactriens, des Zarankes, des Sakês et des Gandariens, de telle façon que l'on touche d'abord aux Parthes de la Perse du Nord pour aborder les peuplades scythiques avec les Haraiva ou Ἄρειοι et atteindre enfin aux extrémités de leur domaine les Uvārazmiya ou Χοράσμιοι et les Suguda ou Σόγδοι. Car les Ἄρειοι du Haraiva, ne sont nullement d'anciens Aryas indo-iraniens ; ils forment simplement une peuplade scythe ou iranienne du Nord qui portait le nom d'*Arya-* (cf. gr. Ἀριανή) lequel est devenu par la suite *Ala-ni*. En effet, chez eux, selon une loi découverte par M. Andreas et dont il m'a fait part, dès janvier 1910, le groupe **-ry-* est devenu *-l-*. On verra plus bas que cette règle vaut pour l'ossète. Le renseignement de Strabon indique donc bien qu'à un moment donné de l'antiquité il y a eu une langue scythique qui était assez peu différenciée pour que les Sogdiens, les Xorazmiens et des peuples de langue très voisine de celle des Ossètes et des Alans fussent ὁμόγλωττοι παρὰ μικρόν.

C'est à peu près tout ce que nous savons de la langue sogdienne vers l'époque des Achéménides. Il faut retenir en outre que la liaison était encore étroite à cette époque entre les habitants en partie nomades, en partie agriculteurs, bourgeois, marchands et voyageurs de la Σογδιανή propre qu'Alexandre avait essayé de délimiter, et les nomades du Nord et du Nord-Est, les Μασσαγέται, les multiples Σάκαι, et même les Σκύθαι. De tout ce qui a vécu de peuplades de langue iranienne à l'Ouest de la Caspienne, il n'est demeuré de traces que dans les parlers ossètes, refoulés dans quelques hautes vallées du Caucase. A l'Est de la Caspienne, il y a eu dans la région de Samarcande des principautés indépendantes sous des chefs plus ou moins hellénisés comme Diodotos le Grand, par exemple. Nous ignorons jusqu'où s'est étendu le pouvoir des plus grands de ces princes au Nord et au Nord-Est ; mais nous savons que le peuple sogdien pénétrait fort loin en Asie Centrale.

Agriculteurs et commerçants habiles et tenaces, civilisés et audacieux, ils ont occupé toute la zone cultivable qui est placée entre la haute montagne et la steppe jusqu'au Nord du T'ien-Chan ; ils sont allés d'oasis en oasis plus loin encore vers l'Est et vers le Turkestan chinois ; enfin ils ont pénétré dans quelques-unes des villes et oasis du Turkestan et même de la Chine où ils ont formé des colonies d'étrangers.

Ces établissements existaient de façon plus ou moins nombreuse au début de notre ère : à cette époque il y avait presque une route sogdienne, de la muraille de Chine jusqu'à Samarcande et jusqu'à l'Occident. Sir M.-A. Stein a trouvé dans une tour du limes chinois, pendant son expédition de 1906-1908, des lettres dont M. Cowley a publié en fac-simile un exemplaire (*J. R. A. S.*, 1911, p. 159 et s.) qui a été reconnu bientôt après pour sogdien de langue et d'écriture (Gauthiot, *J. R. A. S.*, 1911, p. 498 et s., cf. *ibid.*, 1912, p. 341 et s.). Et cependant l'indépendance des Sogdiens devenait dès lors précaire : les nomades qui couvraient leurs flancs et leur front et qui étaient leurs proches étaient poussés et chassés par d'autres nomades de nationalités diverses : plus d'un siècle avant l'ère chrétienne les *Sakas* (de Kachgarie), pénétraient dans les plaines du Nord, puis dans le Sagistān ; derrière eux, les poussant, venaient les Ta Yue-Tchi, qui après un court séjour dans les terres sogdiennes, s'en allaient vers le Sud, eux aussi. C'est le moment de la première trouée chinoise vers l'Ouest, du voyage de Tchang-Kien, général de l'empereur Wou, de la dynastie des Han, qui dura douze ans. Pour cette époque les Annales des Han confirment que du Farghāna jusqu'aux Parthes les langues varient un peu, mais que les sujets parlants peuvent se comprendre : ὁμόγλωττοι παρὰ μικρόν, comme disait Strabon. Ils ont des traits iraniens : les yeux profonds, la barbe abondante, la passion du négoce et des richesses, l'amour des femmes.

Mais leur nation se maintient malgré tous les nomades qui s'improvisent seigneurs ou rois : ils ont une vieille et forte civilisation, une langue propre, bien développée, et une organisation que les passants barbares et incultes utilisent, mais ne détruisent pas. M. P. Pelliot a trouvé, dans des manuscrits chinois rapportés par Sir M.-A. Stein, la preuve qu'au début du septième siècle une colonie de Sogdiens de Samarcande était venue s'établir juste au sud du Lob-Nor ; un manuscrit de Paris lui a fait connaître que cette même colonie avait une sorte d'autonomie au huitième siècle (*Revue d'Histoire et de Littérature religieuses*, 1911, p. 10-11). A la même époque, le pèlerin bouddhiste Hiuen-Ts'ang, allant de Chine au pays sacré de l'Inde, entre à partir de la rivière de Sou-ye au Nord du Turkestan et du Ling-Chan, en Chine, pour y rester jusqu'au territoire de Kaš, au Sud de Samarcande, dans un pays soumis à des Turcs variés, il est vrai, mais cependant uniforme, le pays des *Sou-li*, c'est-à-dire des Sogdiens. Ce mot de *Sou-li* est d'ailleurs d'après Hiuen-Ts'ang un adjectif qui désigne à la fois l'habitant, le pays, l'écriture et la langue. Il y a donc à ce moment une langue et une écriture **Sulik ;* notre pèlerin nous apprend même que l'écriture en question est alphabétique ; car il note que cette écriture ne compte que peu de signes (vingt-deux environ (et non trente-deux comme a traduit St. Julien, v. *J. A.*, mai-juin 1910, p. 544). Quant aux habitants, ils sont cultivés et se transmettent la connaissance de leur langue et de leur écriture, l'intelligence de leurs principaux ouvrages de génération en génération. Ils sont, comme huit ou neuf siècles plus tôt, bien bâtis mais cupides. En plus ils sont fraudeurs et menteurs, c'est-à-dire qu'ils ont été formés par la pratique de tant de despotes divers et stupides à la pratique du *kitmān*, de la dissimulation systématique grâce à laquelle le Persan opprimé triomphe du barbare qui l'oppresse et se joue de lui, à son tour (cf. l'excellente édition qui forme le premier tome de la Bibliothèque de l'Université de Kyōto, I, 18).

Mais, en plus, le mot *Sou-li* est une donnée linguistique : il représente l'une des formes sogdiennes de **Suγδīk,* celle du dialecte où l'on a eu successivement **Suwδīk* et **Sūlīk,* où l'on a eu *malax* de **maδax* ; c'est celle que l'on retrouve dans le pehlvi *Surāk* qui sans doute doit être lu **Sūlīk,* ainsi que l'a montré M. Andreas (*Sitzungsberichte* de l'Académie de Berlin, 1910, p. 307 et s.) et dans le tibétain *Šulik.* C'est la même forme que le sanskrit a seule connue (cf. Gauthiot, *J. A.,* mai-juin 1910, p. 541-2). A côté de cela, le pehlvi présente aussi *Sōδ* (Andreas, *loc. laud.*, p. 309, note 1), et le persan a *Suγd* ; on a essayé d'attribuer l'adjectif avec **l* pour *δ* à une variété orientale et méridionale du sogdien, celui avec *δ* conservé à des parlers du Nord et de l'Ouest (Gauthiot, *J. A.*, mai-juin 1910, p. 542). En tout cas, au huitième siècle, le sogdien, on le voit, se brisait en dialectes.

Deux siècles plus tard, il était près de disparaître dans le سغد des Persans, dans la région de Samarcande. Aux environs de l'an mille le grand Abū Raiḥān Muḥammad bin Aḥmad al-

Bīrūnī poussé par la curiosité qui animait alors, après les graves changements amenés par l'invasion arabe, tant d'hommes instruits, a recueilli et nous a transmis les noms des mois et les noms des jours en plusieurs langues quasi disparues et particulièrement en sogdien. On sait ce que vaut la transmission de documents linguistiques au moyen de l'écriture arabe, où les variations de forme des caractères et l'absence des points diacritiques engendrent les pires méprises et les pires restitutions. Néanmoins, comme il s'agissait de mois zoroastriens, dont les formes sensiblement correctes et très archaïques ont été transmises par l'Avesta, les documents qu'al-Bīrūnī connaissait lui-même (il était du Xorazm), étaient précieux et utiles ; en fait, ils ont déjà rendu des services.

Vers la même époque la Renaissance persane s'ouvrait et débutait dans les parties orientales de l'Iran. La lexicologie commençait, malheureusement par des recueils de rimes, de beaux mots et d'expressions rares, à ce qu'il semble. Le dictionnaire le plus ancien qui nous ait été conservé, le *Lughat i Furs* d'Abū Nasr Aḥmad bin Manṣūr de Ṭūs, dit Asadī l'Ancien, contient des mots qui sont dits « sogdiens » سغدی, mais qui paraissent pour la plupart des provincialismes plutôt que des termes étrangers. Les lexicographes qui ont suivi présentent aussi des vocables du même genre ; et, il est évident, que sauf d'heureux hasards, ils ne peuvent en offrir d'autres puisque c'est de la κοινή persane qu'ils s'occupent ainsi que des provincialismes et idiotismes que tel ou tel auteur a pu employer *en persan même*. Nous n'avons malheureusement pas d'exposé doctrinaire dans le *Lughat i Furs* ; mais les grands dictionnaires de l'Inde nous ont conservé la tradition des lexicographes persans sur les langues de la Perse. Cette tradition apparaît avec de légères variantes dans les ouvrages principaux ; dans la préface de l'édition de Lucknow du *Farhang i J̌ihāngīrī*, p. 10 (très fautive ; cf. Bibliothèque Nationale, supplément persan,

1560 [ancienne bibliothèque Schefer]), dans celles du *Burhān i Qāṭi'* et du *Farhang i Rašīdī* dont M. Blochmann a pu dire que c'était le premier dictionnaire « critique » (*J.R.A.S. of Bengal*, 1868, p. 20) qui a été édité par Maulawí Zulfaqár 'Alí et Maulawí 'Azíz Urrahmán (Calcutta, 1875). Ce qu'elle dit est que la langue persane (زبان پارسی) est de sept sortes (هفت‌گونه), dont quatre sont délaissées (متروک) le *haravī* (هروی), le *sagzī* (سگزی), le *zāvulī* (زاولی) et le *suγdī* (سغدی), mais dont trois sont courantes (متداول), le *pārsī* (پارسی), le *darī* (دری) et le *pahlavī* (پهلوی). Ce n'est pas le lieu ici de traiter de la nature exacte des trois dernières langues nommées : il suffit que l'on sache qu'il s'agit de variétés du persan. Le témoignage d'Iṣṭaxrī est formel pour le parsī et le pahlavī : le premier est la langue commune parlée et écrite, le second la langue savante et secrète. 'Abd Allah bin al-Muqaffa', a qui nous devons le fameux et précieux témoignage sur le زوارش (v. en dernier lieu, Clermont-Ganneau, *J. A.*, 1866, I, p. 489 et s. ; et *Kitāb al-Fihrist*, éd. G. Flügel, p. 14, l. 13), dit aussi (*Kitāb al-Fihrist*, éd. G. Flügel, p. 13, l. 1 fin et s.) que les langues usitées en Perse étaient le pahlavī, le darī, le fārsī, en fait de dialectes indigènes. En bon érudit, il ajoute (loc. laud., l. 3) que الفهلوية, le pehlvi, porte le nom du pays habité jadis par les Parthes. Quoique le *parthe* de la Parthie et le *parthe* de la Perse soient choses bien différentes (cf. Marquart, *Ērānšahr*, p. 123, note 5), cette remarque a eu une fortune singulière.

Pour les idiomes sortis de l'usage, on ne saurait croire avec de Biberstein Kazimirski (*Menoutchehri*, préface, p. 10-1) qu'il soit question de simples dialectes : c'est de langues qu'il s'agit, ainsi que l'a entrevu M. Marquart (*Ērānšahr*, p. 39 et 49) ; plus exactement ce sont les langues que l'affaiblissement des peuples qui les parlaient et le renouveau envahissant du persan réduisaient au rang d'idiomes vulgaires et faisaient rapidement disparaître.

Les progrès du beau parler du Fārs, à cette époque, sont bien rendus sensibles par le fait, rapporté lui aussi par Ibn Muqaffa' (*Kitāb al-Fihrist,* éd. Flügel, p. 13) que dans tout l'Orient où régnait le persan, c'était à Balx l'étrangère que l'on parlait le darī, la langue courtoise, la plus pure. Et l'on reconnaît dès lors facilement que les quatre langues متروك des lexicographes sont celles des populations longtemps indépendantes du pays de Herat, (pehlv. **Harēw*, arm. *Hrev,* ar. هراة (cf. Marquart, *Ērānšahr*, p. 76-7), du *Sagistān*, du *Zāwulistān* pehlvi et du *Zābulistān* arabe (cf. Marquart, *Ērānšahr*, p. 39), enfin du *Suγd* ou *Soγd.* La tradition des lexicographes se trouve d'ailleurs confirmée par ailleurs : l'illustre al-Bīrūnī a précisément recueilli avec soin pour les transmettre à la postérité à titre de vestiges conservés des générations passées, *al-āθār al-bāqiya 'an-al-qūrān al-xāliya,* des mots « sagzī » et « suγdī ». Le « *zāvulī* » et le « *haravī* » lui ont échappé, il est vrai ; mais il a ajouté en revanche un dialecte, qu'il connaissait bien pour être celui de son pays natal, le « xorazmī ».

Par ailleurs le sogdien se maintenait mieux grâce à ce qui avait fait une partie de sa faiblesse : sa grande extension et sa dissémination ; grâce aussi pour une part sans doute à ce que des Sogdiens, fuyant devant l'Islam, gagnaient l'Orient. Tandis que l'Iran presque entier s'accommodait à ce régime étrange de vivre sa vie nationale sous des chefs toujours étrangers et toujours à nouveau nationalisés, les groupes trop faibles et les petites nations étaient devenus presque tous persans, puisque le persan seul sortait triomphant de l'épreuve. Le sogdien, entamé fortement par le persan au Sud-Ouest, s'étendait sur une ligne trop longue et trop mince pour entrer en entier dans le nouveau groupement ; il obéissait à des maîtres variés et tendait vers des directions diverses. Il continuait à maintenir la vieille tradition civilisatrice de l'élément iranien en Asie Centrale, et M. P. Pelliot a pu écrire

(*Revue d'Histoire et de Littérature religieuses,* 1911, p. 11) que dans ces régions le sogdien avait joué vers le premier millénaire de notre ère le rôle d'une langue internationale, d'une *lingua franca* ; il a été mieux, car jusqu'à sa fin, il a été un véhicule de civilisation. En 1909, M. F. W. K. Müller a établi que l'inscription dite ouïgoure de Kara Balgassoun qui est du neuvième siècle, est, en réalité, en sogdien. A côté de la langue du chef turc figuraient donc deux langues de civilisés, le chinois et le sogdien.

Les Mongols ont trop massacré et les Sogdiens, qui ont eu à subir leur premier choc, étaient trop faibles ; ils ont disparu sur toute la ligne, sauf sans doute, les quelques représentants réfugiés dans la vallée escarpée du Yagnāb. Mais ils ont frayé la voie à la langue et à la culture persanes qui se sont presque usées à polir les barbares.

Dans la seconde moitié du dix-neuvième siècle, l'attention des archéologues et des historiens s'est tournée, comme on sait, vers le Turkestan chinois. En 1890, on rapportait d'Asie centrale des fragments précieux de manuscrits en écritures de l'Inde ; en 1893, M. Weber en achetait des lots importants provenant de Koutcha. Les agents anglais en achetaient eux aussi : la demande était assez forte pour que la fraude devînt profitable, et un faussaire intelligent travailla avec succès à la fabrication de manuscrits en écritures indiennes plus ou moins inconnues. Une mission russe de M. Klementz vint stimuler encore la curiosité et enfin Sir M.-A. Stein partit pour la première fois (1900-1901) : il ne rapporta parmi tant d'objets précieux qu'un seul fragment touchant l'Iran, le plus ancien texte persan connu, en caractères hébreux. De Berlin partirent en 1902 M. Grünwedel et Huth qui firent de merveilleuses trouvailles dans la région de Tourfan : des documents turcs et pehlvis (sans cryptogrammes) qui furent déchiffrés avec un rare talent par M. F. W. K. Müller.

En 1904 parurent ses *Handschriften-Reste, II Teil,* dont la cinquième partie, la plus petite, contenait le *Nachweis eines bisher nicht bekannten Pahlavi-Dialektes.* On y apprenait qu'une langue iranienne, fort différente du pehlvi proprement dit, avait été écrite, en caractères manichéens, dans le pays de Tourfan et employée, non pas comme langue sacrée (celle-ci était toujours la langue de la Perse, soit du Nord, soit du Sud-Ouest), mais comme seconde langue, plus facilement comprise du public, à ce qu'il semble. Cela faisait huit pages en tout, très mêlées et accompagnées de quelques notes de M. Andreas. Dans l'une d'elles M. Andreas appelait « sogdien » le « dialecte pehlvi » de M. F. W. K. Müller ; c'est de cette façon modeste et obscure que le sogdien fit sa réapparition. Mais ses progrès furent rapides. Une seconde expédition allemande, dirigée par M. von Le Coq, passa dans les environs de Tourfan l'hiver 1904-1905 : elle en rapporta des fragments d'Evangiles traduits en sogdien et notés en écriture syriaque qui furent lus, transcrits et publiés par M. F. W. K. Müller dès 1907 dans les *Sitzungsberichte* de l'Académie de Berlin, et réédités la même année par M. Salemann, en écriture sémitique (hébreu carré) avec un lexique complet et une esquisse grammaticale intéressante. La linguistique, les comparaisons avec l'ossète, les langues du Pamir et le yagnobi, en particulier, inaugurées par M. F. W. K. Müller dès 1904, y prenaient de plus en plus de place (v. *Izvěstija* de l'Académie de Pétersbourg, 1907, p. 532 et s). Dans la préface de cette étude on apprenait que M. Andreas avait signalé à M. Salemann dans une lettre de mars 1907 la relation étroite qui existait selon lui entre le sogdien et le yagnobi, que M. Salemann lui-même avait admis depuis ses premières études sur le yagnobi que ce dialecte était très semblable à l'ossète et qu'un Ossète lui avait parlé de la parenté entre le yagnobi et sa langue propre à Samarcande dès 1897. Mais ce n'est qu'en 1908 que l'on apprit par la note 3 de la page 3 des *Uigurica I* et par M. F. W. K. Müller, les raisons que M. Andreas avait eues de dénommer le sogdien de son vrai nom dès 1904, et l'étude qu'il avait faite dès avant 1907 des noms de mois transmis par al-Bīrūnī et de ceux connus par les documents retrouvés en Asie Centrale.

Enfin on connaissait du sogdien, ou au moins d'un parler sogdien, autre chose que le nom : on possédait maintenant un vocabulaire appréciable, des phrases intelligibles et dont l'original était connu, des éléments de morphologie. Entre temps, M. F. W. K. Müller avait démontré la réelle influence exercée jusqu'en Chine par l'élément sogdien. M. E. Huber, de l'Ecole Française d'Extrême Orient, avait fait paraître une note sur les *Termes persans dans l'astrologie bouddhique chinoise* (*B. E. F. E.-O.*, t. 6, n° 1-2). Grâce aux documents dont il disposait, M. F. W. K. Müller sut reconnaître que les termes en question étaient sogdiens. Plus heureux encore, il montra en 1909 (*Sitzungsberichte* de l'Académie de Berlin, p. 726 et s.) que l'inscription dite ouïgoure de Kara Balgassoun était en sogdien. En 1911 enfin l'on apprit, par un manuscrit sogdien, qu'il y avait eu entre le septième et la fin du neuvième siècle à *Xumdān*, c'est-à-dire à Si-ngan-fou même (anciennement *Tch'ang-ngan*) un monastère au moins en partie sogdien (cf. Gauthiot, *J. A.*, nov.-déc. 1911, p. 957-8).

Le sogdien avait donc bien réellement pris pied en Asie Centrale et pénétré jusqu'en Chine ; et surtout il avait été écrit en une écriture proprement asiatique, dans l'écriture dite ouïgoure et avec des cryptogrammes, tout comme le زوارش de Ibn al-Muqaffa', le pehlvi des livres et inscriptions de Perse.

Les découvertes relatives au sogdien continuaient. Sir M.-A. Stein partit en avril 1906 pour une deuxième expédition, tandis que M. Grünwedel restait dans la région de Tourfan jusqu'en 1907. Il visita brièvement une grotte murée, vraie bibliothèque, où avaient été entassés les documents les plus variés, mais surtout chinois, en nombre étonnant et en rapporta une grande quantité de textes précieux. Surtout il fit le relevé complet de l'ancienne muraille de Chine et de la porte d'où partait la route de la soie. Peu après, Sir M.-A. Stein, partait M. P. Pelliot ; lui aussi visita la fameuse grotte, après que Sir M.-A. Stein l'avait quittée depuis peu ; il put y rester plus longtemps que son prédécesseur et s'empara de parti pris de tout ce qui n'était pas chinois. Ainsi, il y eut des manuscrits sogdiens à Paris dès le courant de l'année 1909 ; et leur étude put commencer dès 1910. A ce moment, il parut enfin une note de M. Andreas dans les *Sitzungsberichte* de l'Académie de Berlin (1910, p. 307 et s.) qui permit d'entrevoir que l'orthographe des documents (inédits) en écriture manichéenne et de ceux en alphabet syriaque était peu cohérente, tantôt traditionnelle et tantôt phonétique et que le sogdien syriaque paraissait différer soit par la date soit par le lieu d'origine de celui en manichéen. Dans le *Journal Asiatique* (1910, I, p. 540 et s.), on proposa de voir dans ces variétés des représentants de dialectes locaux, tous deux tardifs.

A Paris cependant les documents dont le titre était conservé, ou qui présentaient des noms ou des chiffres caractéristiques avaient été tous lus et transcrits. On avait reconnu dans presque tous des documents bouddhiques. Un trait apparaissait déjà qui était du plus grand intérêt, c'est que le sogdien en écriture sogdienne, loin d'offrir les incohérences orthographiques du sogdien manichéen et syriaque, présentait une grande unité et un caractère à la fois de régularité et d'antiquité remarquable. Bref, il semblait de jour en jour plus probable que la langue dans laquelle avait été rédigé le document de Kara Balgassoun au neuvième siècle représentait, somme toute, la tradition la plus vieille et la plus constante du sogdien. Des observations et rapprochements à l'appui de cette opinion furent publiés dès le numéro de janvier-février du *Journal Asiatique* (p. 81 et s.).

Là-dessus se produisit enfin la rencontre nécessaire pour assurer la valeur du vocabulaire et établir la justesse des hypothèses faites à l'aide de combinaisons linguistiques : au début de 1911, M. P. Pelliot retrouva la rédaction chinoise du *Sūtra des Causes et des Rémunérations*, dont le titre sogdien avait été reconnu. Par là, le lexique établi se trouva soudain confirmé de façon sûre, et enrichi de manière inespérée (cf. sur le chinois *Mélanges S. Lévi*, p. 238 et s., *Un bilingue sogdien-chinois*, par P. Pelliot). Aux résultats de la mission de M. Pelliot, s'ajoutaient peu à peu ceux de l'expédition de M. Stein. Ce dernier avait mis au jour des documents multiples dans son exploration remarquable du vieux « limes » établi d'abord par les Chinois contre les barbares et nomades de la steppe. Dans une tour de garde de cet ouvrage, d'ailleurs remarquable, il avait en particulier retrouvé des documents sur étoffe et papier, pliés en façon de lettres occidentales, couverts de façon plus ou moins complète de caractères de type araméen. En janvier 1911, le *Journal of the Royal Asiatic Society* publia le fac-similé d'un de ces documents d'autant plus irritants et passionnants qu'ils étaient datables grâce à l'endroit et aux conditions où ils avaient été trouvés ; ils remontaient, ou mieux leur enfouissement remontait aux premières années de notre ère. M. Cowley essaya de les lire et de retrouver en eux du persan. Trois mois après il était établi qu'ils étaient en langue et écriture sogdiennes (cf. Gauthiot, *J. R. A. S.*, 1911, p. 497 et s.). Dès lors les découvertes de Sir M.-A. Stein venaient confirmer les hypothèses faites à Paris ; elles fournissaient le type de l'ancienne écriture sogdienne, présupposé simplement jusqu'alors et elles permettaient de remonter plus haut jusqu'à l'écriture araméenne de type sogdien, à laquelle venait se rattacher l'alphabet turc runique.

L'étude de la langue sogdienne elle-même progressait. La connaissance du vocabulaire se développait, ainsi que celle de la phonétique, des formes et de la phrase. Elle se compliquait en même temps, ainsi qu'il est naturel. Un long manuscrit, presque complet, du *Vessantara Jātaka,* avec des variantes curieuses, avait pu être identifié. Il y en avait à Paris vingt-quatre feuillets numérotés qui provenaient tous de la fameuse grotte de Touen-Houang ; Sir M.-A. Stein ayant passé par la même grotte en avait cinq feuillets dont il me communiqua des photographies, de la façon la plus aimable. Ces cinq feuillets prirent tout naturellement la place qui leur revenait dans l'ensemble d'après leur numéro d'ordre. Le tout a paru en transcription et avec traduction sur le texte original dans le *Journal Asiatique* (Gauthiot, janv.-févr. 1912, p. 163 et s. ; mai-juin 1912, p. 429 et s.).

De plus des étymologies sogdiennes ont paru dans le même *Journal Asiatique* (Gauthiot, juillet-août 1911, p. 52 et s.) et dans le *Journal of the Royal Asiatic Society* (Gauthiot, 1912, p. 343 et s. passim.). Dans les *Mémoires de la Société de Linguistique* (Gauthiot, t. 17, p. 137 et s.), on a essayé d'utiliser ce qu'il y avait de sogdien bouddhique publié et ce qui en avait été lu à Paris pour définir la position dialectale de cette langue iranienne enfin retrouvée, à la lumière des dix premiers noms de nombre et pour esquisser une vue d'ensemble de l'iranien (sans toutefois y comprendre l'iranien oriental). On est revenu (cf. Gauthiot, *J. R. A. S.*, 1912, p. 349 et s.) sur la lecture du sogdien ancien, et grâce à certaines corrections et précisions, on est arrivé à établir combien était réduit en sogdien « sogdien » (v. p. xvi) le nombre de cryptogrammes et comment ceux-ci se rattachaient à ceux de la Perse. On a pu indiquer ainsi comment le système زوارش était bien un système dû à la classe des fonctionnaires lettrés du Sud et Sud-Ouest de l'Iran, qui n'avait pénétré vers le Nord et le Nord-Est de cet immense domaine qu'avec de très importantes atténuations. Enfin, l'auteur de ce travail retrouvait avec l'aide de M. S. Lévi l'équivalent et peut-être même l'original chinois dû au traducteur Yi-Tsing d'un petit texte sogdien, apparemment traduit avec la plus grande fidélité et conservé en entier ; il le publiait avec traduction et avec une reproduction du texte chinois correspondant (*M. S. L.*, t. 17, p. 357 et s.). Il étudiait aussi la transcription en lettres sogdiennes d'une dhāraṇī rapportée par Sir M.-A. Stein (*J. R. A. S.*, 1912, 629 et s.) et pouvait ainsi préciser certaines lectures et définir certains usages graphiques des scribes sogdiens.

On voit que la connaissance du sogdien écrit en écriture sogdienne ou nationale, de la langue qui est attestée dès les premiers débuts de notre ère par les documents rapportés du *limes* chinois par Sir M.-A. Stein et qui sera régulièrement appelé *sogdien* dans ce livre, est assez avancée déjà : elle repose d'abord sur deux bilingues bien établis, ensuite sur un récit de Jātaka. Les premiers ont fourni un vocabulaire sûr et assez abondant, et des éléments de grammaire ; le second, plus varié, plus long et qui contient jusqu'à des parties de dialogues, a fourni des mots nouveaux, des formes rares dans tous les autres textes, des expressions diverses. Du sogdien en écriture manichéenne, ou *sogdien manichéen*, ainsi qu'on l'appellera ici, on ne connait encore que quelques lignes et quelques mots isolés grâce à M. F. W. K. Müller et à M. Andreas ; du sogdien en écriture syriaque, ou, plus simplement, *sogdien syriaque*, comme il sera nommé ici, il n'a jusqu'ici été publié que les fragments d'Evangile cités plus haut (p. XI).

Dans ces conditions il a paru qu'un essai de grammaire sogdienne était possible et utile. Après des travaux de détail et des déchiffrements aussi heureux que ceux de MM. F. W. K. Müller, Andreas, Salemann, un exposé méthodique du système de la langue, fondé sur des données correctes et suffisamment abondantes ne peut être que profitable : il est indispensable pour faire connaître en dehors du cercle très étroit de ceux qui ont à leur disposition des manuscrits originaux et s'occupent de leur déchiffrement, un dialecte iranien intéressant par lui-même et par la place qu'il occupe au point de vue linguistique dans l'ensemble de l'iranien d'une part, de l'autre par le rôle qu'il a joué comme moyen de communication entre l'Iran et le bassin oriental de la Méditerranée d'un côté, le Turkestan chinois et la Chine elle-même de l'autre côté. D'ailleurs les spécialistes qui sont très isolés les uns des autres et ne disposent généralement pas des mêmes documents, ni des mêmes séries de documents, ont intérêt à ce que les données acquises soient groupées et éclairées les unes par les autres le plus tôt possible au lieu de rester éparses.

Ainsi qu'il ressort de ce qui vient d'être dit, je suis seul responsable de la disposition de cet essai grammatical, des idées qu'il contient et du déchiffrement des textes en écriture sogdienne utilisés, c'est-à-dire de la plus grande partie du travail.

Pour l'identification des documents plusieurs spécialistes m'ont prêté leur aide : M. Paul Pelliot a retrouvé la version chinoise du *Sūtra des Causes et des Effets* dans une édition japonaise des apocryphes et parmi les ouvrages qu'il a rapportés de son expédition ; M. S. Lévi m'a aidé à identifier le texte chinois du *Sūtra du religieux Ongles-Longs* ; leur collaboration familière et amicale est de tradition dans le petit groupe d'orientalistes parisiens dont ils font partie et ne souffre pas de remercîments.

Sir M.-A. Stein, avec beaucoup de courtoisie et d'amabilité, a envoyé à Paris les photographies de documents sogdiens rapportés par lui d'Asie Centrale, en particulier celles des lettres anciennes provenant du *limes* chinois et des feuillets du *Vessantara-Jātaka.*

Au *Museum für Völkerkunde* de Berlin, M. F. W. K. Müller

m'a réservé toujours un accueil plein de cordialité et les quelques heures de conversations que j'ai eues avec lui sur les découvertes et l'histoire religieuse de l'Asie Centrale ont été, naturellement, des plus intéressantes et des plus suggestives.

Au début de l'année 1910, j'ai pu passer une dizaine de jours à Göttingen. J'y ai appris beaucoup, tant sur la philologie que sur la linguistique iranienne, de la bouche de M. Andreas, qui m'a reçu en ami, donné le meilleur de son temps et prodigué conseils, connaissances, idées et hypothèses sur les choses de la Perse et de l'Iran, dans des entretiens dont le charme et la chaleur restent inoubliables.

Enfin, M. Salemann a fait preuve de la plus grande bienveillance pour mes travaux de déchiffrement et en particulier pour cet essai : non seulement j'ai eu par lui communication de fragments en sogdien conservés à Saint-Pétersbourg, mais je lui dois tout le matériel yagnobi, pour la plus grande partie inédit, qui figure dans ce livre et qui a permis de suivre jusqu'à l'époque actuelle le développement du sogdien.

Pour revenir à la linguistique proprement dite, car c'est de grammaire qu'il s'agit avant tout dans ce livre, je tiens à signaler que M. A. Meillet, qui a continué à l'Ecole des Hautes-Etudes la tradition de l'enseignement lumineux de James Darmesteter, m'a en ami aidé de ses avis et de ses critiques.

PREMIÈRE PARTIE.

L'ÉCRITURE.

1. L'écriture sogdienne nous est connue, jusqu'ici, sous deux formes, qui ne sont ni de la même époque ni du même type. La mieux représentée, si l'on tient compte du nombre des documents et de leur variété, est la plus récente ; c'est celle qui a été reconnue et déchiffrée d'abord dans les textes bouddhiques sur rouleaux ou poṭhīs rapportés d'Asie Centrale et spécialement de Touen-houang. La forme plus ancienne ne s'est trouvée jusqu'ici que dans les lettres découvertes par Sir M. A. Stein dans une tour du *limes* chinois (v. *J. R. A. S.*, 1911, p. 160 et s.; p. 497 et s.). Ces lettres datent du tout premier début de notre ère, tandis que les textes bouddhiques ont été écrits du septième au neuvième siècle après Jésus-Christ, ainsi que le montrent à la fois l'archéologie, la linguistique et l'histoire. Aussi se trouve-t-on, somme toute, bien renseigné sur l'écriture sogdienne, son développement, ses caractères propres et ses tendances.

2. Le premier spécimen d'écriture ancienne a paru dans le *Journal of the Royal Asiatic Society* de Londres (january 1911, p. 166 et s.) avec un essai de lecture et d'interprétation dû à M. Cowley. Ce savant avait reconnu qu'il se trouvait en présence d'une langue sans doute iranienne et probablement

2

persane qui, à la façon du pehlvi, devait contenir des cryptogrammes. Mais il ne pouvait donner que des hypothèses, n'étant pas arrivé à lire complètement, de façon sûre et satisfaisante, l'écriture, évidemment araméenne d'origine. Il m'est apparu d'autre part qu'elle était sogdienne et il m'a été possible d'en établir définitivement la lecture (*J. R. A. S.*, April 1911, p. 497 et s. ; April 1912, p. 341 et s.). On trouvera ci-joint le tableau des lettres qui composent l'alphabet sogdien de forme ancienne, avec leur transcription.

3. L'écriture de type récent a été étudiée d'abord dans une note du *Journal Asiatique* (Gauthiot, janvier-février 1911, p. 81 et s.). Elle est abondamment représentée à Paris par des documents rapportés de la grotte fameuse de Touen-houang par M. Pelliot, à Londres par des manuscrits de même origine dus à Sir M. A. Stein ; à Saint-Pétersbourg, il y en a des fragments ; enfin elle figure sur l'inscription trilingue de Kara Balgassoun. La lecture en est assurée par l'établissement d'équivalences nombreuses et la lecture de deux textes dont les correspondants plus ou moins rigoureux ont été retrouvés en chinois. Il y en a plusieurs types qui varient depuis un tracé fin, net et non sans élégance jusqu'à la forme dite « ouïgoure » avec ses ligatures et coupures propres, et sa grossièreté.

Le type qui figure ci-joint est proprement sogdien, souple et agréable, mais courant. On a donné les lettres sous leur forme initiale, et au besoin, médiane et finale.

4. Le développement de l'écriture sogdienne ressort avec clarté de la comparaison des deux alphabets. Les lettres sont restées très semblables ; mais tandis que le sogdien ancien ne les lie pas encore entre elles de façon régulière, le sogdien des documents bouddhiques le fait. Il ressemble en cela aux écritures syriaques et arabes. La conséquence en est que, dans le type graphique ancien, les lettres varient peu de forme selon qu'elles figurent au début, au milieu ou à la fin des mots ; elles

Type ancien

Forme	Valeur	Forme	Valeur
	ʾ.		š.
	β.		č, ǰ.
	γ, x.		r.
	(l), δ, θ.		m.
	f, p, b̄.	, finale	n.
	k, g.		y.
, final	t, d.		v.
	s		h.
, final	z, ž.		c.

Type récent

Forme	Valeur	Forme	Valeur
	ʾ.		š.
	f, β.		č, ǰ.
	γ, x.		r.
	l, δ, θ.		m.
	f, p, b̄.		n.
	k, g.		y.
, final	t, d.		v.
	s.		h.
	z, ž.		

ont une forme propre stable, comme dans l'araméen des papyrus d'Egypte, comme en palmyrénien et dans l'hébreu carré. Dans le type récent, les différentes lettres tendent à n'être plus que les éléments constitutifs de la barre rigide que forme chaque mot; elles varient de forme d'après la position qu'elles occupent, ou même d'après le groupe, l'ensemble de lignes où elles se trouvent placées; bref, elles obéissent à des règles pareilles à celles qui existent en syriaque ou en arabe.

5. Il s'en suit nécessairement, le mot étant tracé d'un seul trait de calame, que les différentes lettres se sont comme atténuées et rapprochées de la ligne afin de s'adapter à la nécessité de la liaison avec l'élément précédent et l'élément suivant. C'est pour cette raison que le *γ* ancien perd sa haste verticale de gauche qui rentre dans la ligne; que le *w* et le *t* se ferment, que les traits allongés qui terminent *k* et *p* et descendent si bas se relèvent par la suite jusqu'à regagner la ligne; que le *δ* présente à l'occasion une forme bouclée où se trahit l'aller et le retour du calame; que le *č* s'oblitère, et que le *š* perd sa petite ligne horizontale. Pour l'*m*, l'*s* et le *č*, l'accommodation a d'ailleurs été malaisée; comme ils présentent une ligne qui déborde soit par en-dessus, soit par en-dessous du tracé d'ensemble, ils sont particulièrement difficiles à joindre à la lettre qui précède (pour le *č*) ou à celle qui suit (pour l'*m* et l'*s*). Dans le cas de *m*, on a tendu à l'arrondir et à faire rejoindre la courbe qui pointe sous la ligne et la ligne elle-même; ou bien l'on a tracé d'abord la barre du mot à laquelle on a suspendu ensuite un crochet; pour le *č*, on a tranché la difficulté de deux façons : ou bien l'on a coupé les mots à chaque *č* et l'on a fait rentrer dans le tracé d'ensemble la barre horizontale qui domine la ligne, ou bien, ce qui paraît une innovation relative, on a tracé la barre qui joint le caractère qui précède et celui qui suit le *č* comme si de rien n'était, en laissant seulement un petit intervalle, et l'on a, ensuite, planté sur elle un petit crochet rappelant le tracé du $\check{c}$ ancien ; c'est ainsi que fait l' « ouïgour ». Enfin dans le cas de l'*s*, on s'est résolu en fin de compte à couper le mot et à reprendre le tracé comme il est indiqué sur le tableau II.

6. Toutes ces tendances apparaissent plus accentuées encore dans le système d'écriture qui se rattache immédiatement à celui du sogdien, en ouïgour. A vrai dire, il est difficile de tracer une limite nette entre les écritures ouïgoure et sogdienne (cf. F. W. K. Müller, *Sitzungsberichte* de l'Académie de Berlin, 1907, p. 730). Le passage de l'une à l'autre se fait insensiblement : l'écriture ouïgoure est simplement une forme tardive de la sogdienne et les découvertes faites en Asie Centrale ont fourni les degrés intermédiaires. M. F. W. K. Müller a publié des reproductions de documents turcs dont l'écriture présente encore une allure un peu « sogdienne » (cf. F. W. K. Müller, *Uigurica*, I, planches) ; et le même savant a reconnu et montré dans le texte dit « ouïgour » du monument de Kara Balgassoun du sogdien en écriture vraiment « ouïgoure » (*Sitzungsberichte* de l'Académie de Berlin, 1909, p. 726 et s.). On a trouvé à Touen-houang même du sogdien très semblable d'apparence à de l'ouïgour.

D'ailleurs les particularités surprenantes de l'orthographe ouïgoure ne s'expliquent que si l'on admet qu'il s'agit en réalité d'une langue turque notée au moyen d'un alphabet fait pour un dialecte iranien du Nord et spécialement sogdien ; et d'autre part l'origine des signes proprement ouïgours, l'histoire de leur développement ne se retrouve et ne se comprend qu'en sogdien (cf. Gauthiot, *Journal Asiatique*, janvier-février 1911, p. 14 et s.).

C'est donc encore un prolongement indirect de l'écriture ouïgoure que représente la mongole ; et ni l'une ni l'autre ne sont des adaptations ou des modifications de l'estranghélo.

Origine et valeur de l'écriture sogdienne.

7. Si l'on remonte à partir de l'alphabet sogdien, au lieu de descendre, et si l'on cherche à atteindre son origine, on est amené à constater ses nombreuses ressemblances avec le pehlvi des inscriptions et des gemmes, sinon avec la graphie courante et singulièrement oblitérée des manuscrits, avec le palmyrénien, l'araméen des papyrus bien plutôt qu'avec les écritures syriaques. Celles-ci nous apparaissent comme les termes assez évolués de développements particuliers (cf. Gauthiot, *J. A.*, janvier-février 1911, p. 12). Le sogdien remonte à un type d'écriture sémitique du Nord qui se rattache à celui que représentent le palmyrénien et le nabatéen entre autres, qui d'autre part a donné naissance aux divers types pehlvis et surtout aux alphabets dits « sogdiens » des monnaies de Boukhārā par exemple. Cela apparaît avec la plus grande clarté si l'on examine le type sogdien ancien. Il y a plus : ce type (ou un rameau voisin ?) a fourni le modèle de l'aphabet turc dit runique des anciennes inscriptions des vallées de l'Ienissej et de l'Orkhon. Il est facile de s'en convaincre en se reportant aux considérations que fait valoir M. V. Thomsen dans ses *Inscriptions de l'Orkhon* (v. p. 44 et s.) et à l'étude de O. Donner (*Journal de la Soc. Finno-ougr.*, p. 3 et s.). M. V. Thomsen a d'ailleurs été frappé lui-même de la relation entre le sogdien ancien et le turc runique, ainsi qu'il ressort d'une communication particulière dont je lui suis redevable (27 juin 1911), et il faut espérer qu'il pourra un jour étudier de près et de cette façon claire et définitive qui est sienne les rapports entre ces deux écritures. En tout cas, il s'en faut de peu que la même nation iranienne ne se trouve avoir transmis à deux reprises l'usage de l'écriture à deux peuples turcs : la première fois à ceux du Nord, la seconde fois aux tribus dites ouïgoures.

8. Mais, tandis qu'à la deuxième reprise, l'alphabet sogdien a été appliqué tel quel à rendre un dialecte auquel il était mal accommodé, il y a eu à la première un réel et remarquable travail d'adaptation ; il s'est trouvé en outre qu'à la première fois il existait entre le système phonétique de la langue turque intéressée et celui du dialecte iranien une concordance remarquable et d'ailleurs toute fortuite.

On a déjà remarqué, sans doute, que l'alphabet sogdien ancien n'a de façon générale comme occlusives que des sourdes : *k*, *t*, *p*, et que les sonores sont toutes des spirantes : *γ*, *δ*, *β*. Cela s'accorde bien avec le système phonétique du sogdien qui comme tous les dialectes iraniens du Nord, n'a connu de *g*, *d*, *b* occlusifs qu'après les nasales et dans quelques rares groupes de consonnes d'origine ancienne. Là, il emploie, comme plus tard dans ses transcriptions de l'ouïgour ou du sanskrit entre autres la sourde, qui est occlusive, pour noter la sonore non spirante : ainsi dans *βntk* « esclave » à lire **βandak*, cf. pers. *banda*, *snk* « pierre » à lire **sang*, cf. pers. *sang*, *ptšknpy* « larmier » à lire **patškambe*, cf. pers. *paškam*, arm. *patškamb* et *patškam* (v. Hübschmann, *Arm. Gr.*, p. 225). Or, sur ce point, la comparaison avec le turc de l'Orkhon est du plus grand intérêt. En effet, là aussi les sonores sont dans la plupart des cas, normalement peut-on dire, si l'on parle au point de vue descriptif, des spirantes : *g*, *d*, *b* ne se trouvaient que comme seconds éléments de groupes et, peut-être aussi à l'initiale des mots (cf. Thomsen, *Inscriptions*. p. 189-90 ; Grönbech, *Forstudier til tyrkisk Lydhistorie*, § 39 et s.) (1). La conséquence est que, tout comme en sogdien, on trouve en

(1) Il convient de corriger sur ce point ce qui est dit *J. A.*, janv.-fév. 1911, p. 91 où il faut substituer à *le vieux turc ...... n'avaient* ; l'« *ouïgour* » (?) *n'avait.......*

runique *k*, *t* comme graphies de *g*, *d*, quoique d'une façon beaucoup moins régulière qu'en sogdien, où l'orthographe est très ferme : on a par exemple *boltï* « il devint » à côté de *bolδï* pour **boldï*, *bäṅkü* « éternel » à côté de *bäṅγü* pour **bäṅgü*. Cet embarras pour rendre les occlusives sonores après consonnes est sans doute ce qui a donné naissance aux ligatures *nd*, *ld*, *tl* qui paraient au mal dans les cas les plus fréquents au moins (cf. Thomsen, *Inscriptions*, p. 40 et s.). Rien de pareil n'a été créé en sogdien, dont l'alphabet est resté très près du sémitique, et apparaît comme une adaptation commode, mais à aucun titre ni sur aucun point comme une création ou une innovation. *D'ailleurs il ne faut pas oublier que l'alphabet runique n'est guère que du septième siècle et que l'écriture sogdienne apparaît dans les lettres dues à Sir M. A. Stein dès les premières années de notre ère.*

9. Il n'est pas douteux que le signe pour *β* ne soit le *bēth* sémitique, et il faut admettre que celui-ci était déjà, à l'intervocalique, une spirante dans le dialecte araméen qui a pénétré jusqu'en Sogdiane. En runique la lettre qui rend le son *β* est le même *bēth* qu'en sogdien. Plus tard le *β* sogdien a servi à rendre, bien qu'il fût bilabial, la spirante labio-dentale *v* de l'ouïgour, des prākrits et du sanskrit (cf. *J. A.*, 1911, p. 90 et s. ; 1912, p. 630 et s.).

L'aspect du *δ* est beaucoup plus déconcertant que celui du *β*, et, en même temps aussi, des plus caractéristiques. Au lieu de rester court et de former un angle plus ou moins net à sa partie supérieure comme en araméen des papyrus, en hébreu carré et en pehlvi des gemmes ou des livres, au lieu de tendre à ressembler au *rēš* comme dans les diverses écritures syriaques, il s'est allongé et a fini par ressembler au *lāmed*. En fait, en sogdien, le cryptogramme **l'** (iranien **nē*) commence par le même signe exactement que la forme verbale *δ'r'm*, soit **δārām* « je tiens, j'ai ». Il y a là une confusion graphique intéressante qui a été rendue possible par l'absence complète de toute *l* en sogdien. Elle était, en effet, sans conséquences pratiques appréciables. Quant à l'origine de cette confusion il faut la voir sans doute dans ce fait que le *dāleth* allongé ne se distinguait plus à un moment donné du *lāmed* que par la position du crochet caractéristique sur la barre verticale ; dans le pehlvi des inscriptions sassanides on peut constater une différenciation de ce genre : le *dāleth* porte un crochet au sommet, le *lāmed* à la base. En runique le *δ* postérieur est représenté par une ligne verticale trois fois brisée, l'*t* par une haste brisée une fois à la base et identique au *δ-l* du sogdien. (Cf. aussi les reproductions de légendes de monnaies du Turkestan, *Journ. Soc. Finno-ougr.*, t. 14, p. 29 et s.).

10. La question du *γ* est assez difficile. Dans le *Journal Asiatique* (janv.-fév. 1911, p. 84, 86 et 88) j'ai admis encore que le *γ* sogdien était noté par un ancien *gāmel*, tout comme *δ* par *dāleth* et *β* par *bēth*. Mais ce parallélisme n'a pas dû exister réellement. Si pour *β* et *δ* on n'avait, en l'espèce, aucun choix, il en était autrement pour le *γ*. L'araméen avait dans la série des gutturales ce qu'il ne possédait ni en fait de labiales, ni en fait de dentales : des spirantes qui n'étaient que des spirantes. L'écriture runique est fort instructive sur ce point : le *β* et le *δ* y sont notés par le *bēth* et le *dāleth*, mais le *γ* (antérieur et postérieur) l'est au moyen du *hē* (v. Thomsen, *Les Inscriptions*, p. 49 et s.). En sogdien, *γ* est représenté à l'aide du *ḥēth*, dont il présente encore la forme très peu altérée dans l'écriture de type ancien. M. Cowley l'a reconnu immédiatement à l'initiale du mot qu'il lisait *khûtâî* (*J. R. A. S.*, 1911, p. 164) et il a cru pouvoir distinguer du *ḥēth* le *gāmel* qu'il retrouvait dans ce qu'il lisait *bagî* (= **βaγī*) ; en fait dans les documents Stein eux-mêmes il n'existe pas à ce qu'il semble de différence de tracé appréciable entre l'ancien *gāmel* et l'ancien *ḥēth*. La distinction est basée sur des considérations étymologiques et sur l'opposition entre *bagî* et *khûtâî* ; mais depuis que l'on sait que *βγy* et *xwt'w* présentent tous deux des spirantes dont l'une est seulement sonore tandis que l'autre est sourde, les deux formes ne sont plus forcément différentes. Il n'est pas sans intérêt d'ajouter que le turc de l'Orkhon outre qu'il a noté γ par *hē*, s'est servi du *gāmel* pour écrire la nasale gutturale *ṅ*. Il y a entre le turc runique et le sogdien le plus ancien plus qu'une différence de date ; malgré leur grande ressemblance ils apparaissent à nouveau ici comme des rameaux divers.

Je transcris cependant la gutturale sonore du sogdien par γ, et non par *ḥ* ni *x*. Il est important, en effet, que le parallélisme de *β*, γ, δ, soit indiqué clairement : là où il sera nécessaire de donner la prononciation, on recourra à γ, *l* et *x*.

11. Les signes pour les consonnes sourdes sont d'origine parfaitement claire : *k, t, p* sont notés par *kāph*, *taw* et *pē*. Ils se retrouvent tout pareils en turc runique avec les valeurs respectives de k^2, t^2 et *p*. Il en est de même exactement pour le *š* (*šīn*), le *č* (*ṣādē*), l'*m* (*mēm*), l'*s* (*sāmekh*), l'*r* (*rēš*) ainsi qu'on l'a montré déjà (cf. *J. A.*, janv.-févr. 1911, p. 83 et s. ; Thomsen, *Inscriptions*, p. 49 et s.). L'*n* et le *z* ne sont distingués l'un de l'autre qu'à la finale ; sur ce point encore, il y a un certain accord entre le sogdien et le turc runique qui différencie ces lettres, grâce à un moyen secondaire, un trait vertical ajouté au *z* (cf. Thomsen, *loc. laud.*, p. 47). Et si l'écriture runique diverge de la sogdienne, c'est de la même façon dans le cas du *z* que dans celui du δ : le turc présente des formes plus variées, des tracés moins simplifiés et moins cursifs que le sogdien alors qu'il est attesté plus tard. Il faut ajouter que le premier se dessine ou se grave, tandis que le second s'écrit au courant du calame et supprime les ondulations du *z* comme les angles et crochets du δ. Dans l'écriture sogdienne récente, on voit apparaître, de façon d'ailleurs irrégulière, un point souscrit destiné à distinguer le *z* d'avec l'*n* ; ce point affecte facilement, étant donnés le ductus de l'écriture et la tenue du calame, la forme d'une virgule ou même d'un petit crochet (cf. *J. A.*, janv.-fév. 1911, p. 82 et planche I), qui s'est beaucoup développé en ouïgour surtout.

12. Restent les sonantes *w* et *y* : la forme du *waw* qui note la première ne présente aucune particularité notable. Celle du *yod* (*y*) est plus intéressante ; elle rappelle celle que présente la même lettre en nabatéen et permet de rendre compte sans difficulté de l'*i* (ou *ï*) de l'alphabet runique qui se rattache à lui de la façon la plus étroite. L'origine que M. Thomsen attribuait avec hésitation à la lettre turque dans ses *Inscriptions* (p. 49) est assurée. A ce propos, il convient de noter que par son développement en longueur, son agrandissement, le *yod* rappelle un peu le *δ* ; l'écriture sogdienne, ou celle qui est immédiatement à son origine n'a pas été favorable aux « petites » lettres et semble avoir donné à toutes, sans exception, une certaine dimension.

13. L'*āleph* n'est plus guère en sogdien qu'une voyelle. Sa forme est claire et se relie sans difficulté à celle que l'on trouve dans les alphabets voisins. Le *hē* apparaît dans des conditions assez particulières. On sait, en effet, que le sogdien ne connaît pas de *h- initial (Gauthiot, *M. S. L.*, t. 17, p. 155 et s.) ; d'autre part, ainsi que l'a démontré M. Andreas, le *-h- intervocalique est représenté en sogdien par -*x*- (cf. F. W. K. Müller, *Uigurica I*, p. 3, note 3 ; et ici-même plus bas) ; il n'a donc de place possible qu'à la finale et c'est là qu'il se trouve, en effet (Gauthiot, *J. R. A. S.*, April 1912, p. 349). Il y a la valeur d'une voyelle ou d'un signe d'allongement (ibid. p. 349 et 393) ; mais il semble s'y trouver aussi dans d'autres conditions et n'y jouer à l'occasion qu'un rôle purement graphique. L'écriture sogdienne s'est développée ainsi qu'on l'a montré plus haut, dans une direction sensiblement parallèle à celle d'autres systèmes graphiques différents par ailleurs, mais qui tous tendent à faire de chaque ligne d'écriture une barre bien nette, rigoureusement égale à la précédente comme à la suivante. On sait que pour parvenir à ce but, tout d'apparat, à cet idéal de bel alignement, il est indispensable que l'on dispose d'éléments dilatables, dont la longueur soit susceptible de varier selon les nécessités du moment : ainsi l'hébreu carré a des lettres dilatables, et l'arabe allonge à loisir le trait qui joint les différents signes. Le sogdien ignore l'un et l'autre moyens : il écrit toujours les lettres les unes après les autres, sans intervalles variables et ces lettres occupent toujours sensiblement la même place. Une seule fait exception ; c'est précisément le *hē*. Celui-ci s'allonge et se raccourcit selon que la ligne a besoin d'être augmentée ou diminuée de longueur, et l'on a souvent la sensation très nette que le *hē* ne figure que pour des raisons graphiques Qu'il en soit ainsi plus d'une fois en réalité, c'est ce qui est confirmé par le fait que l'on voit des lignes trop courtes, mais assez longues pour que le scribe ne trouve pas la place de loger le mot suivant, se terminer par une toute petite barre quand le vide est petit, par un *hē* détaché, indépendant de tout mot, quand le blanc est plus considérable : ainsi, par exemple, dans le Vessantara Jātaka l. 274, 11e, 1122, 1127. Souvent il est difficile de distinguer nettement entre une barre et un *hē* ainsi placés isolés à la fin d'une ligne.

ORIGINE ET VALEUR DES LETTRES PROPRES AUX MOTS ÉTRANGERS.

14. Outre les lettres que l'on vient de voir et qui forment l'alphabet sogdien normal, il en est deux dont il convient de parler bien qu'elles ne fassent partie régulièrement que de mots étrangers. La première est le ʿ qui n'est reconnaissable que dans le type ancien d'écriture ; sa forme est très voisine du ʿ des inscriptions pehlvies et il ne figure que dans des cryptogrammes, et en particulier dans **ʿr**, sém. *ʿl*, « à » (v. *J. R. A. S.*, April 1913, p. 350). Il a rapidement changé d'aspect d'ailleurs et ressemble tout à fait dans l'écriture récente au *w*. Son développement en sogdien rappelle ainsi celui qu'il a eu en pehlvi : là aussi l'ancien ʿ est représenté parfois par ϙ, *gh*, le plus souvent par ו, *w*. Son rôle est d'ailleurs tout à fait minime et il apparaît à peu près uniquement dans le cryptogramme *ʿl*, écrit **ʿr** dans les lettres que l'on doit à Sir Marc Aurel Stein, **wr** dans les textes bouddhiques.

15. Plus importante et plus singulière en son genre est l'histoire de *l*. Le son que ce signe représente est étranger au scythique ancien et au sogdien commun : ceux-ci ne connaissent tout comme le dialecte védique du premier noyau d'hymnes et comme la langue de l'Avesta, dont la ressemblance avec le védique est d'ailleurs remarquable et a eu les conséquences les plus heureuses pour l'intelligence des textes et leur étude, que la seule vibrante *r*. Le sogdien oppose *rys'nty* « ils lèchèrent » (= **rēsantĭ*), et l'Avesta *raēzaite* « il lèche », au persan *lištan, lēsam* tout comme le védique se sert de *rih-* mais ignore *lih-*. On ne s'attend donc à trouver d'*l* que dans les cryptogrammes ; et l'on a, en effet, **l'**, lu **nē*, « ne .... pas », — **1 lp***w*, lu sans doute ʾ*(a)zār*, « mille », — **mlk'**, lu **xwatāw*, « roi ». Mais, on vient de le voir ci-dessus, les signes pour *l* et pour *δ* sont arrivés à se confondre entièrement en sogdien, même ancien, et l'on peut hésiter à lire avec *l* ou avec *δ* les vieux emprunts religieux skr. *kalpaḥ* et *lokaḥ* et les mots de civilisation anciens *lekhaḥ* et *pīl-*. Les mots entrés en sogdien à date relativement récente et contenant le son *l*, ne font pas de difficulté : *l* est transcrite par la lettre *r* simple ou pourvue d'un signe diacritique. Alors même que dans certains parlers, ceux de la partie orientale du domaine sogdien, la spirante *δ*, ancienne ou récente, était devenue une sorte d'*l*, notée en écriture manichéenne par un signe spécial, c'est encore par *r* ou *ṛ* qu'est rendue l'*l* sanskrite ; et c'est l'*ṛ* et non le *δ* du sogdien qui a passé en ouïgour avec la valeur de *l* (cf. Andreas, *Sitzungsberichte* de l'Académie de Berlin, 1910, p. 307-314 ; Gauthiot, *J. A.*, mai-juin 1910, p. 542 ; Gauthiot, *J. A.*, janv.-févr. 1911, p. 90). Pour les emprunts anciens cités il ne reste donc que deux solutions : ou bien l'on admet qu'il faut lire *kδp'* « kalpa- », *δwk'* « loka- », *δykh* « lekha- » *pyδh* « pīl- », *δ* ayant servi jusque vers les débuts de notre ère de substitut approximatif de *l*, en lieu et place de *r* ; ou bien on lit, à la façon sémitique, pour ainsi dire, *klp'*, *lwk'*, *lykh* et *pylh*. Dans le premier cas, l'on suppose que les Sogdiens ont été incapables dès une date ancienne d'articuler une *l*, telle que celle du sanskrit, et aussi qu'ils ont transcrit ce phonème étranger d'abord par *δ* et plus tard par *r*, sans raison apparente ; on reste complètement ignorant d'ailleurs de ce qu'ils ont pu prononcer en réalité. La seconde hypothèse paraît préférable ; elle semble, en effet, rendre compte des faits de façon plus naturelle et plus claire. Il y a eu d'abord un temps où le sentiment de la double valeur du signe *δ* : *l* s'est maintenu : à ce moment ont été empruntés le mot *lekhaḥ* « lettre », venu sans doute du Khotan (cf. Gauthiot, *J. R. A. S.*, 1912, p. 352-3), le mot *pīl-* « éléphant » dont l'origine première est encore obscure, et les premières expressions techniques bouddhiques, telles que *kalpaḥ* « période cosmique », *lokaḥ* « monde ». Par la suite, les cryptogrammes n'étant jamais prononcés et l'*l* n'existant pas dans la langue par ailleurs, le sentiment que la lettre *δ* : *l* était polyphone, à la suite d'un procès historique, s'est perdu ; les rares mots où *δ* : *l* avait la valeur de *l*, se sont cristallisés et sont devenus eux-mêmes, sinon des cryptogrammes, du moins des exceptions ; l'*l* a été transcrite, par à peu près, à l'aide d'un expédient nouveau, au moyen de *r* ou de *ṛ*. Quant au son articulé, il a sans doute été toujours soit *l*, soit un phonème très voisin.

Des polyphones.

16. Les deux caractères dont il vient d'être question ont été polyphones pendant un temps plus ou moins long et de façon plus ou moins réelle. Lorsque le ʿ s'est confondu avec le *w* au point de vue purement graphique, il est resté néanmoins le représentant d'un autre son que *w*, *u* ou *o* ; comme il n'apparaît guère en sogdien que dans un cryptogramme, c'est-à-dire qu'il n'a pour ainsi dire pas été prononcé, sa double valeur est restée en quelque sorte latente. Elle ne s'est pas manifestée : **wr** n'a point été articulé, non plus que **ʿr** ; sans doute l'un et l'autre ont été toujours lus *k'w* « à ». Le cas de la lettre *δ* : *l* est déjà moins insignifiant : sans doute on disait **nē* là où était écrit **l'**, **xwatāw* là où se trouvait **mlk'**, **azār*ᵊ ou **zār*ᵊ à la place de **lp***w* et **1lp***w*. Mais d'autre part on a prononcé ou peu s'en est fallu, **kalp*ᵃ pour *klp'*, **lok*ᵃ pour *lwk'*, **pīlān* pour le génitif pluriel *pyl'n*, tous mots où l'*l* est notée par le même signe exactement que le *δ* dans *δ'r'm* « j'ai » = **δārām*, *δwr* « lointain » = **δūr*, *βwδstnyh* « parc, jardin », = **βōδastān-* et combien d'autres pareils. Ici la polyphonie a été réelle, mais, à la vérité, elle a été étroitement limitée à quelques mots spéciaux empruntés à des idiomes étrangers.

17. Pour d'autres signes, ou dans d'autres cas, la diversité des valeurs d'une seule et même lettre est beaucoup plus importante. Le nombre des caractères de l'alphabet sogdien est trop faible pour qu'il puisse être question de représenter chaque son de la langue par un signe unique et constant. Si l'on laisse de côté les voyelles, qui ne sauraient être mises en cause dans l'espèce, puisqu'il s'agit en réalité d'un alphabet sémitique où la notation des voyelles proprement dites n'est même pas prévue, on n'en a pas moins à compter avec des emplois fort divers de beaucoup des lettres. Celles-ci sont donc polyphones par nécessité et par tradition, et non pas, comme dans le cas du ʿ : *w* ou du *δ* : *l* que l'on vient d'examiner, par suite d'altérations graphiques et de confusions secondaires dans l'écriture. Cette source de « polyphonie » qui a joué un grand rôle en pehlvi des livres, par exemple, est tout à fait négligeable en sogdien (cf. J. Darmesteter, *Etudes iraniennes*, t. 1, p. 15 et s.). On a étudié plus haut les deux exemples que l'on en possède et qui n'intéressent que des emprunts.

18. Par ailleurs, en sogdien même, les polyphones sont tels par nécessité. On a déjà vu (§ 8) qu'en écriture sogdienne les seules occlusives qui aient un signe propre sont les sourdes, et que les seules spirantes au contraire qui possèdent une lettre particulière sont les sonores. La langue elle-même ne présente que peu de sons à la fois occlusifs et sonores ; elle n'en avait guère que dans quelques groupes de consonnes et particulièrement après les nasales des différents ordres. Ces quelques phonèmes occlusifs sonores sont, faute de lettres spéciales, notés au moyen des signes des sourdes correspondantes qui acquièrent ainsi une double valeur *t* : *d*, *k* : *g*, *p* : *b* ; on a vu (§ 8) dans *βntk* **βandak* « esclave », *snk* **sang* « pierre », *ptšknpy* **patškambe* « larmier » les mêmes lettres apparaître avec la valeur d'occlusives sonores et dans *t'r'k* **tārāk* « sombre », *kδ* **kaδ* « si, quand », *p'δ* **pāδ* « pied » servir à noter des occlusives sourdes. Il faut ajouter aux exemples donnés et au type qu'ils représentent *'zt'* « connu » qui est à lire **azd*^{a} et qui répond à v. p. et gāth. *azdā*, pers. *azd*, afgh. *zda*. Ces polyphones ne sont pas très troublants parce que la valeur de la lettre ressort en général avec une clarté suffisante de sa position dans le mot et de son entourage.

Le cas des spirantes est moins simple. S'il est vrai que le sogdien n'avait, sauf quelques cas déterminés, que des spirantes en fait de sonores, il s'en faut de beaucoup qu'il n'ait possédé que des sonores en fait de spirantes. Non seulement il était fort riche en spirantes sourdes, comme l'ensemble de l'iranien, mais on peut dire qu'il les avait préférées aux occlusives du même ordre de façon générale, et en accord avec les autres dialectes scythiques. Bref, il avait à noter fréquemment des *f*, des *θ* et des *x*. Ici encore, le sogdien a procédé de façon économique et sommaire, et a eu recours à des adaptations approximatives. Pour le *x*, il n'y avait pas d'hésitation possible, si, comme nous l'avons admis (cf. § 10), le *γ* remonte en fait à sém. *ḥ* : ce signe était tout désigné et l'on peut même dire qu'en vertu de sa sourdité ancienne il convenait peut-être mieux à rendre le *x* iranien que le *γ*. Quoiqu'il en soit, le résultat est que le *γ* est polyphone et figure également dans *βγ'* **βaγā* « seigneur, divin » et dans *βγš'm k'm* **βaxšām kām* « je donnerai », cf. av. *baxš-*, pers. *baxšīdan*. Et il est impossible de tirer, comme on a essayé de le faire dans le *Journal Asiatique* (janv.-févr. 1911, p. 87), de la polyphonie du *γ* sogdien des conclusions sur l'existence du *kāph* « mou » et « dur » dans l'original araméen de l'alphabet sogdien.

19. En revanche, le contraste qui a été établi au même endroit entre la valeur du *t* et celle du *p*, s'est pleinement confirmé depuis. Le *taw* apparaît en sogdien comme une franche occlusive. Il s'en suit que l'on n'a pu s'en servir pour noter le *θ* ; et l'on a dû recourir forcément à la spirante sonore *δ* qui se trouve ainsi avoir trois valeurs diverses. En voici d'abord deux exemples matériellement attestés, en quelque sorte :

δβ'rt **θβ'rt* « donné » ; écriture syriaque *θβrδ'rṭ* (= **θβrṭ* + *δ'rṭ*) « il a donné » ; yagn. *t'fārta* « donné » (où le *t* initial est pour **θ*) *r'δ* **rāθ* « chemin, route » ; en écriture syriaque *r'θ* ; yagn. *rāt.*

D'autres sont :

δry **θrē* « trois » ; yagn. *t'rai.*
pδn'y **paθ^a^nī* « large » ; av. *paθana-* ; oss. *fät'än* ; pers. *pahn.*

Le *p*, lui, avait en araméen, comme en hébreu ou en syriaque, une forme « molle » *f* et une « dure » *p* selon sa position. En sogdien, il a conservé cette même polyphonie, bien que les conditions selon lesquelles alternaient ces deux valeurs fussent entièrement changées : *p* peut désigner en sogdien aussi bien l'occlusive labiale sourde que la spirante sourde labiodentale. On a, par exemple, d'une part :

p'δ **pāδ* « pied » ; avest. *pād-* ; pers. *pāi.*
pt- **pat-* préverbe ; av. *paiti-.*
p'y'nt **pāyant* « ils protègent » ; av. *pāya-* ; pers. *pāyad.*

et de l'autre, par exemple :

prm''yt **farmāy^a^t* « il ordonne » ; av. *framāy-* ; pers. *farmāyad.*
prtmw **f°ratumə* « premier » ; av. *fratəma-* ; pehlvi *fratum.*
prtr **f°ratar* « qui est en avant » ; av. *fratara-.*
prw'rt **farwārt* « rouleau, livre, sūtra » ; pehlvi *fravartak* ; arm. *hrovartak* « décret, édit ».

20. Mais on rencontre encore une autre notation de l'*f* : celle par la spirante bilabiale sonore *β*. Celle-ci est postérieure, de date relativement récente et n'intéresse pas à vrai dire le sogdien d'écriture sogdienne tel qu'il s'est constitué d'abord. Mais elle s'est généralisée par la suite et joue un rôle assez considérable dans les documents bouddhiques qui nous ont conservé la langue littéraire étudiée ici. On aperçoit d'ailleurs, sans difficulté, à la faveur de quelles circonstances cette notation nouvelle s'est constituée et étendue peu à peu. Bien entendu, il faut se garder d'en voir la moindre trace dans des graphies telles que *'βt *aβt* « sept », *t'βt''k *tăβtāk* « chaud » et autres pareilles qui sont anciennes et correctes et témoignent clairement de la sonorisation progressive de l'ancienne **f* entre voyelle et consonne : le yagnobi et l'ossète ont *avd* et l'ossète a *tavd*. Mais ailleurs d'anciens *β* sont devenus sourds au contact de consonnes sourdes et ont pris, d'abord la valeur de spirantes bilabiales sourdes, puis celle de spirantes labiodentales sourdes, c'est-à-dire celle de *f*. Le système phonétique du sogdien ne comportant à ce qu'il semble pas de spirante sourde bilabiale, mais possédant la spirante sourde labiodentale *f*, il est infiniment probable que le stade intermédiaire entre *β* et *f* a peu ou point existé ; car, ainsi que l'a établi M. Grammont (*Dissimilation*, p. 16), lorsqu'une altération phonétique n'entraîne pas la création d'un phonème nouveau, (ce qui sans doute a été le cas ici), l'ensemble des éléments qui restent du phonème attaqué est remplacé par le son le plus voisin que possède la langue. Ainsi un ancien *'βč'npδ-y *aβčămbaδ-* « monde » est devenu **afčămbaδ-* et **f°čămbaδ-*, noté en écriture syriaque *fčmbδ-* ; un ancien *čtβ'r *čatβār* « quatre » a donné **čatfār* noté avec une *f* en écriture manichéenne ou syriaque (cf. F. W. K. Müller, *Handschriften-Reste*, p. 97 et 98 ; *M. S. L.*, t. 17, p. 151), puis en yagnobi *t'far* (*M. S. L.*, t. 17, p. 151).

Dans quelques textes bouddhiques ces *β* ayant la valeur de *f* sont distingués des autres par un point souscrit ; mais le résultat final a été partout qu'à côté des *f* notés par *p̸*, on en a eu qui étaient rendus au moyen de *β*. Dans nos manuscrits bouddhiques, qui ne sauraient guère être antérieurs au septième siècle, cet état de choses n'a pas été sans laisser des traces ; il se reflète fidèlement dans les graphies en syriaque des chrétiens, et en écriture manichéenne ainsi qu'on vient de le voir, et il était de règle dans la langue que parlaient leurs scribes et copistes. Aussi, malgré la fermeté remarquable de la tradition orthographique ancienne, on voit paraître une légère incertitude dans l'emploi de *β* et de *p*, quand il s'agit de noter *f* ; on trouve des alternances sporadiques entre

βr'γ'z- et *pr'γ'z-* **fⁱrāxāz-* « commencer »
βrγ'w et *prγ'w* **farγāw* « biens »

et des graphies telles que :

βr'k **fⁱrāk* « tôt »
βr's **fⁱrās* « châtiment, peine »

21. Un cas de polyphonie moins fréquent et plus difficile à saisir est celui de *č* : *ǰ*. On sait que le *ṣādē* araméen a tout naturellement été choisi pour rendre le *č* si fréquent en iranien et en sogdien. D'autre part le **ǰ* ancien a passé à *ž* dans la plupart des cas dans notre dialecte : ainsi en particulier à l'initiale et à l'intervocalique. Cela n'est pas pour surprendre : on sait, en effet, que l'affriquée sonore **ǰ* présente une occlusion moins résistante et moins vigoureuse que la sourde correspondante **č*. Le vieux slave, d'accord avec le slave commun, offre les vocatifs *vlĭče* « loup », mais *bože* « dieu ». Cependant, après nasale, le sogdien semble bien avoir conservé l'affriquée ; « arracheur » se dit *δynč'k* c'est-à-dire **θēnǰāk* de la racine qui apparaît en avestique sous la forme du présent itératif *θanǰaya-* et du présent inchoatif *θanǰasa-*. Le persan *āhanǰīdan* « tirer » lui est immédiatement comparable, car la conservation du *ǰ* y est due aussi à la présence de la nasale. L'ossète *t'i̥nǰi̥n* atteste que le mot appartient au scythique.

22. Il a été question plus haut (§ 11) de la polyphonie du signe pour *n* : *z* ; on a vu qu'il y a eu une confusion partielle entre la lettre *n* et la lettre *z*. Tandis qu'elles restaient distinctes à la finale, elles devenaient identiques à l'intérieur. Aussi ne sera-t-il pas question ici des diverses valeurs de la lettre *n : z*; cette lettre unique n'existe que dans certaines conditions, et là même le sentiment qu'il y a un signe pour *n* et un autre pour *z* est assez fort pour avoir provoqué l'usage d'un signe diacritique souscrit destiné à distinguer la sifflante de la nasale (cf. le tableau p. 2). Ce qui importe, en revanche, c'est de noter que la lettre qui se lit *z* sert aussi à rendre la chuintante sonore *ž*. Grâce aux textes en écritures manichéenne et syriaque on possède de cette polyphonie des exemples tout à fait sûrs tels que :

*''z'wn *āžūn* « forme d'existence, progéniture » ; sogd. manichéen *'âžûn-d* « fils (pl). » (F. W. K. Müller, *Handschriften-Reste*, p. 103) ; sogd. syr. *'žwn-t* « id. »

*zmnwh *žamənə* « temps » ; sogd. syr. *žmnw* ; arm. *žamanak.*

*zw'n *žiwān* « vie » ; sogd. syr. *žw'n* ; gâth. *jva-* (lire *jīva-*) « vivant » ; afgh. *žvand* « vie ».

*zβ'k *žiβāk* « langue » ; sogd. syr. *žβ'q* ; afgh. *žiba.*

En somme la table des polyphones peut être dressée de la façon suivante :

Transcription	Valeurs
p	*p* , *b* et *f*
t	*t* , *d*
k	*k* , *g*
β	*β* , et plus tard aussi *f*
δ	*δ* , *θ* et, anciennement au moins, *l*
γ	*γ* , *x*
č	*č* , *ǰ*
z	*z* , *ž* (sans parler de *n*, cf. § 11).

Dans ce tableau ne figurent pas, bien entendu, les caractères de transcription, c'est-à-dire les lettres affectées d'une valeur spéciale uniquement lorsqu'elles servent à noter, tant bien que mal, les sons étrangers au sogdien dans les mots empruntés, ou simplement transposés : ainsi *r* ou *r̦* pour *l*, à date relativement récente (v. *J. A.*, janv.-févr. 1911, p. 86 et 94), *š* pour skr. *ç* et *ṣ*, ***n*** pour skr. *ṃ*, *γ* pour *h*, *γ* ou *γ̆* pour skr. *h*, *β* pour *v* (cf. *J. R. A. S.*, 1912, p. 634 et s.) et *ž̆* (*z*) à côté de *ǰ* (*č*, pour skr. *j* (v. *J. A.*, janv.-févr. 1912, p. 174, note 1).

Orthographe.

23. Malgré ses défauts et malgré les manques de signes que l'on a signalés plus haut, l'orthographe sogdienne proprement dite est très ferme et très constante. Elle recouvre bien la langue. On sait assez bien quelle était la valeur des signes araméens adaptés au dialecte iranien en question ; le jeu des alternances consonantiques et l'étude comparative des rares dialectes scythiques aujourd'hui encore attestés permet de les contrôler et de remonter ainsi à une forme du sogdien de beaucoup antérieure au temps où ont été rédigés ou recopiés la plupart des documents, qui sont des textes bouddhiques, et datent du septième au neuvième siècle. Peut-être même atteint-on ainsi une époque encore plus ancienne que le premier siècle de notre ère, auquel remontent les lettres trouvées par Sir M. A. Stein.

D'ailleurs les incertitudes orthographiques qui se sont glissées dans les textes religieux conservés et la comparaison des graphies en écriture sogdienne avec celles que présentent les documents en alphabet syriaque ou manichéen — documents qui en fait sont de même date ou peut-être antérieurs par leur exécution, mais dont l'orthographe a été fixée sensiblement plus tard —, montrent combien est archaïsante l'orthographe sogdienne. Elles nous permettent de suivre, en une certaine mesure, le développement du sogdien, ou mieux des dialectes sogdiens, et de donner quelque idée du sens dans lequel ils ont évolué spontanément. Tout ce qu'elles nous apprennent de neuf, tout ce par quoi l'orthographe manichéenne ainsi que la syriaque se distinguent, consiste en innovations, en traces de développements postérieurs, sans doute d'origine dialectale pour la plupart, mais qui viennent se placer de façon toute naturelle entre la forme ancienne du langage, telle qu'elle nous est conservée avec une ténacité remarquable sous le vêtement sogdien, et les formes d'un parler moderne, tel que le yagnobi.

24. D'autre part la valeur historique de l'écriture et de l'orthographe sogdiennes était, sans doute, reconnue sur l'ensemble du domaine où règnait la langue sogdienne, langue littéraire et commune ; en effet leur autorité traditionnelle a pesé sur les graphies plus récentes de l'écriture syriaque, c'est-à-dire chrétienne, et de l'écriture manichéenne. L'une et l'autre ont hésité fréquemment, ainsi que l'a fait voir M. Andreas (*Zwei soghdische Exkurse*, dans les *Sitzungsberichte* de l'Académie de Berlin, 1910, p. 307 et s.) entre une orthographe phonétique et l'orthographe historique. C'est-à-dire qu'elles ont, en réalité, hésité entre les formes nouvelles, plus évoluées, plus dialectales et plus jeunes et celles que dictait la tradition, vivante encore au neuvième siècle ainsi qu'en témoigne le monument de Kara Balgassoun (F. W. K. Müller, *Sitzungsberichte* de l'Académie de Berlin, 1909, p. 726 et s.), que perpétuait l'écriture sogdienne. Sans cela l'apparition des « graphies historiques » dont parle M. Andreas chez les novateurs religieux qui ont rompu délibérément avec la tradition nationale et qui ont introduit les écritures chrétienne et manichéenne ne pourrait guère s'expliquer. Et d'autre part il ne faut point oublier que l'Asie Centrale nous a livré, parmi tant d'autres documents précieux, des fragments *manichéens* en sogdien et en *écriture sogdienne.*

DEUXIÈME PARTIE.

LA GRAMMAIRE.

Observations générales.

25. Dans les paragraphes qui suivent il est traité d'un dialecte iranien du Nord, le sogdien, qui remonte à l'indo-européen à travers l'iranien septentrional ou « scythique » et l'iranien commun. Le scythique est malheureusement connu de façon imparfaite ; il n'est pas encore constitué avec une netteté suffisante et il restera impossible d'en faire usage dans une grammaire comme point de départ avant que les divers parlers du Nord de l'Iran soient mieux connus et aient été étudiés de manière plus approfondie. Il s'en faut que les phénomènes propres au « scythique » soient datés et répartis avec netteté.

L'iranien commun présente un système phonétique bien connu que l'on trouvera défini, par exemple, chez Hübschmann, *Persische Studien*, p. 113-4. Sa position vis-à-vis de l'indo-européen est claire, et l'on peut à l'occasion faire état, au moins en matière phonétique, de formes « iraniennes ». Celles-ci ne diffèrent souvent que peu de celles du « scythique » et dans nombre de cas il n'y a guère d'inconvénients à les prendre comme point de départ.

26. On sait d'ailleurs qu'il est d'usage de faire figurer au lieu de formes « iraniennes » refaites, des mots réels soit perses, c'est-à-dire vieux perses, soit avestiques. Il y a tout avantage, en effet, à éviter, dans la mesure du possible, les reconstitutions et à opérer avec des réalités. Sans doute, le perse, le dialecte iranien le plus anciennement attesté, ne jouera qu'un rôle effacé dans ce qui suit : dès les monuments les plus antiques ce parler est affecté de particularités tellement singulières et limitées, et d'ailleurs le vocabulaire connu est si étroit qu'il est difficile qu'il figure comme représentant de l'iranien. Cependant son rôle historique immense, la continuité de sa tradition qui va jusqu'au persan à travers le pehlvi lui assurent une position unique et font que dans bien des cas on ne retrouve de correspondant iranien à tel ou tel mot sogdien qu'en perse, pehlvi ou persan.

L'archaïsme remarquable de l'avestique et du dialecte des gâthâs lui assure un tout autre rôle. Quelle que soit l'incertitude de la tradition avestique, que récemment encore M. Andreas a mise en relief avec beaucoup d'insistance et de force (cf. *Nachrichten* de l'Académie de Göttingen, séances du 20 février 1909 et du 26 nov. 1910) et dont il est impossible de ne pas tenir compte désormais, il n'en reste pas moins que le dialecte de l'Avesta est remarquable par son caractère d'antiquité, par l'abondance des mots attestés, par sa position dialectale et son archaïsme qui le rapprochent de la langue védique. Souvent le terme avestique viendra suppléer à juste titre une forme « iranienne » reconstituée.

27. Le sogdien lui-même est nettement une langue moyenne. L'avestique jouera donc auprès de lui le rôle du dialecte ancien, jusqu'ici inconnu. Sans doute, on aurait eu une image approchée de la forme antique du sogdien si les Grecs nous avaient transmis quelque chose de la langue des Scythes iraniens du Sud de la Russie d'Europe ou d'Asie. Faute de quoi on ne connaît du dialecte scythique le plus anciennement attesté qu'une forme déjà très avancée, malgré des archaïsmes en ce qui concerne surtout le traitement des consonnes intervocaliques. On retrouve en sogdien les altérations graves qui caractérisent la phase moyenne de toutes les langues indo-européennes ; la phonétique des finales se sépare nettement de celle des syllabes et phonèmes intérieurs ; les initiales des mots présentent dans certaines conditions des phénomènes qui leur sont particuliers. D'autre part on reconnaît en sogdien les effets d'un accent d'intensité, bien marqué, dont l'apparition a été accompagnée d'altérations phonétiques et de modifications graves dans la forme des mots. C'est à juste titre, en somme, que M. Andreas appelle « *mittelsoghdisch* » ce que j'appelle ici « sogdien » (v. *Sitzungsberichte* de l'Académie de Berlin, 1910, p. 307, note 2) ; mais « sogdien » est plus commode ; il ne prête à aucune confusion, car on ne connaît aucun parler moderne auquel convienne exactement le nom de sogdien.

28. Les formes comparables d'abord sont celles du *yagnobi*, dialecte aujourd'hui encore parlé par un petit groupe de population qui occupe la haute vallée du *Yagnob* (ou plus exactement du *Yaγnāb*), l'affluent de gauche principal du *Zerafchan*. Le yagnobi offre, en effet, la plupart des traits qui caractérisent le sogdien en général sinon exactement tel que les documents trouvés en Chine nous l'attestent. On peut dire qu'il représente l'état moderne d'un parler sogdien. Les ressemblances entre le yagnobi et le sogdien sont assez frappantes pour que tous ceux qui ont reconnu de façon indépendante la nouvelle langue « iranienne » sous son vêtement « ouïgour » aient noté au moins les principales ; cf. *Izvěstija* de l'Académie de St. Pétersbourg, 1907, p. 532, et F. W. K. Müller, *Handschriften-Reste*, p. 110.

A titre de langue scythique très nettement marquée, l'ossète vient de suite après le yagnobi. MM. Andreas, Müller et Salemann ont déjà signalé le fait et l'ont utilisé de façon plus ou moins systématique.

En troisième lieu interviennent les langues et dialectes qui forment en quelque sorte transition entre l'iranien du Nord et celui du Sud et du Sud-Ouest : les parlers du Pamir et de l'Indou-Kouch, l'afghan et le parthe proprement dit ou pehlvi du Nord ou encore, selon l'appellation de M. Andreas, l'arsacide.

En dernier lieu figure le persan, ainsi qu'on l'a vu ci-dessus (§ 27) et qu'il a été exposé à l'aide des dix premiers noms de nombre dans les *M. S. L.*, t. 17, p. 137 et s.

29. Mais il ne faut pas perdre de vue que l'état propre du sogdien tel qu'il est étudié ici, est avant tout déterminé d'après son orthographe. La valeur des divers signes d'écriture une fois fixée de la manière la plus exacte possible d'après leur origine et à l'aide des transcriptions sogdiennes de mots turcs et sanskrits, on peut dire que dans le plus grand nombre de cas la graphie décide de la détermination exacte des sons de la langue ; c'est elle qui, le plus souvent nous renseigne sur la forme des mots et la valeur des phonèmes qui les composent, au moins pour l'époque la plus ancienne, pour celle où l'orthographe du sogdien écrit au moyen de l'alphabet national (« sogdien ») a été fixée. Les textes en écritures manichéenne et chrétienne (syriaque) nous donnent parfois d'utiles renseignements sur les altérations postérieures : mais la langue écrite traditionnelle est liée à l'écriture sogdienne qu'il est beaucoup plus juste d'appeler nationale que bouddhique ; il apparaît, en effet, que si nous la trouvons surtout dans des documents bouddhiques c'est que les bouddhistes ont suivi la tradition tandis que manichéens et chrétiens ont rompu avec elle.

De la position du mazdéisme dans cette lutte et ces compétitions nous ne savons malheureusement rien. Mais à en juger par ce que nous pouvons apercevoir au sujet de l'Avesta, il semble très vraisemblable que c'est d'une écriture araméenne très simple (pareille peut-être à celle des anciens documents remis au jour par Sir M. A. Stein) que le zoroastrisme a dû faire usage.

30. On voit que ce travail est comparatif autant que descriptif. Les données en sont avant tout restituées à l'aide de comparaisons méthodiques, là où elles ne résultent pas de faits paléographiques ; c'est pourquoi le sogdien tel qu'il est présenté apparaît comme bien localisé relativement mais non absolument. C'est pourquoi aussi la comparaison des sons, des formes et des mots se montre partout.

Pourtant l'exposé est descriptif dans la mesure du possible : son but est de rendre autant que le permettent les ressources actuelles, l'aspect véritable du système de la langue, le jeu des variations et alternances de ses phonèmes et morphèmes.

Je n'ai prétendu nulle part donner au complet les exemples relatifs à chaque phénomène décrit. Il suffit que chaque fait s'appuie sur des citations claires, sûres et suffisantes. D'autre part, j'ai essayé, dans la mesure de nos connaissances, de ne laisser passer aucune exception sans la signaler.

PHONÉTIQUE

CHAPITRE I.

L'Accent

31. Dès 1900, M. A. Meillet a montré dans un article du *Journal Asiatique* (mars-avril 1900, p. 254 et s.) que la forme des mots en persan moyen et moderne avait été déterminée, en quelque sorte, par la fixation tantôt sur la pénultième et tantôt sur l'antepénultième d'un accent, suivant que la pénultième était longue ou brève. Bien que cette doctrine ait été généralement passée sous silence, il n'y a pas de doute qu'elle ne soit la seule correcte ; elle ne rend évidemment pas compte du doublet *pus* : *puhr* « fils » qui a trouvé depuis son explication ailleurs. Mais c'est elle, et elle seule, qui donne la clé de la conservation simultanée de *kām* « amour, désir » et de son pluriel *kāmān*, de la représentation par) dans le pehlvi des livres, par ɹ dans celui des inscriptions de l'ancienne finale *-ahyā* du génitif singulier (v. Andreas, s. v. *Ambara* dans la *Realencyclopädie* de Pauly-Wissowa), d'oppositions telles que celle qui existe entre *bīst* « vingt » de **vísătī* et *duvēst* « deux cents » de **duváisatai*.

L'évolution de tous les autres dialectes iraniens suppose une loi d'accentuation exactement pareille ; et s'il est un trait qui a contribué à maintenir à la langue parlée par la nation iranienne, dont l'unité est d'ailleurs remarquable à tant de points de vue, sa cohérence, quoiqu'elle se fût brisée en dialectes, c'est certainement cette accentuation une. Peu importe d'ailleurs qu'elle soit un legs de la période de communauté ou qu'elle se soit développée de façon indépendante mais parallèle dans chaque parler. Pour « vingt » l'afghan a *wišt*, le beloutchi *gīst*, les dialectes pamiriens *wišt*, l'ossète occidental *ínsäi*, et l'iranien oriental, récemment remis à jour grâce aux explorations en Asie Centrale, *bisti*. Mais nous ne pouvons qu'indiquer ici en passant l'importance générale et le caractère iranien de la loi posée par M. Meillet pour le persan. Le seul point qu'il convienne d'approfondir dans cette étude c'est son existence et son rôle en sogdien.

32. Nulle part en sogdien, ni dans les textes en écriture sogdienne, ni dans ceux qui sont notés au moyen soit de l'alphabet syriaque, soit de l'alphabet manichéen, nous n'avons trouvé de notation de l'accent. Nous ne possédons pas non plus jusqu'ici de documents en vers ; en eussions-nous d'ailleurs qu'ils ne suffiraient certes pas à nous renseigner exactement sur l'accentuation de la langue. Ils pourraient seulement nous apporter des précisions de détail et des confirmations. Car il faudrait d'abord établir par des moyens extérieurs leur rythme et les principes d'accentuation sur lesquels ils seraient basés.

On en est donc réduit dans l'étude de l'accent en sogdien à la forme des mots. Or celle-ci nous renseigne mal, par définition même. Nous avons vu, en effet, que le sogdien a été noté au moyen de trois alphabets, tous trois sémitiques et qui, par conséquent, ne nous donnent sur le vocalisme que des indications restreintes et irrégulières. Or c'est dans la constitution et les altérations des voyelles qu'apparaît avant tout le rôle et la place de l'accent d'intensité. Ainsi la place de l'accent sur l'initiale de pehlvi *háftum* est suffisamment indiquée par le vocalisme *u* de la seconde voyelle du mot : **háptama* a donné **háftm°-* par réduction des éléments vocaliques inaccentués et *haftum* par insertion d'un *u* entre le *t* et l'*m* finale. Mais à s'en tenir strictement aux données de l'écriture, on pourrait douter de l'accentuation et de la forme d'un mot tel que le sogd. *''tr* « feu » : car, il est loisible, a priori, de le lire **ā́tar*, **ātár*, **ā́tr*. En fait il n'est pas douteux qu'il s'agisse d'un **ā́tᵃr*, issu de **ā́tr-*, sorti lui-même par réduction de **ā́tara-* ; au contraire le yagnobi *ā́l* représente **ā́θr°-* **āθra-* dont la forme correspondante en sogdien serait **ā́š* (yagn. *āl*).

L'étude de l'accent en sogdien est donc assez délicate et repose avant tout sur la comparaison entre eux des différents états du sogdien, des divers dialectes scythiques et en général des dialectes iraniens. Elle permet cependant d'aboutir à des conclusions précises.

33. D'abord deux faits qui figurent comme témoins de l'existence de l'accent en question en persan, se retrouvent en sogdien. Ce sont les cas obliques en *-ĕ* au singulier et en *-ān* au pluriel. Le rôle de ces cas obliques est, comme on le verra, beaucoup plus effacé en sogdien qu'en persan. Ils ne représentent pas en sogdien la forme normale et généralisée de la grande majorité des noms, tant au singulier qu'au pluriel ; car là c'est le nominatif qui s'est étendu d'abord et qui a fini par triompher. C'est par suite d'une évolution relativement récente que le cas oblique du *singulier* a tendu à se répandre et à prendre la place qu'il occupe aujourd'hui, par exemple, en yagnobi. Il n'en est d'ailleurs que plus significatif de trouver *knδy* **kanθe* au cas oblique à côté de *knδ* **kanθ* « ville » au cas sujet : la première forme ne peut être que **kánθahyā*, la seconde peut représenter *kánθah* (nom.) et **kánθam* (acc.), car l'ablatif a tendu tôt à disparaître et le datif à se confondre avec le génitif. D'autre part une forme telle que *βγ'n* **βayā̆n* de **βayānām* sert à la fois de datif et de génitif pluriels ; mais elle n'est pas très viable, parce qu'elle n'est pas, comme en persan, la forme propre du pluriel s'opposant à un singulier **baye*, mais un cas oblique sans sujet correspondant, mot suspendu en l'air, en quelque sorte. Le nominatif pluriel se confondait, en effet, en sogdien de façon fatale avec le nominatif singulier : **kánθah* ou **kánθō* donnait **kanθ knδ* et de même **kánθāh* ou **kánθă*.

34. Comme le fait remarquer M. Meillet dans l'article cité du *Journal Asiatique*, la loi qui fixe l'accent sur l'antépénultième quand la pénultième est brève se trouve ne pouvoir être démontrée par aucun cas oblique en particulier. D'autant que l'emploi du cas oblique est, en quelque mesure, irrégulier et, en tout cas, flottant dans les documents qui nous ont été transmis ; ainsi qu'on vient de l'indiquer et qu'on le verra par la suite avec plus de détails, cette forme des noms s'est trouvée au moyen âge en plein mouvement. Dans nombre de cas elle est en outre impossible à distinguer de celle du cas sujet. Des formes isolées fournissent par là même des exemples singulièrement plus probants. Des noms de nombre tels que **vīsătī* ne nous sont malheureusement pas attestés, parce qu'en règle presque absolue les noms de nombre supérieurs à « dix » ne sont pas écrits en toutes lettres mais sont notés par des chiffres. Mais l'on possède dans le possessif *γypδ* un exemple aussi typique. La forme initiale est *x*ˇ*aipaθya-*, avec accent sur *x*ˇ*ai-* (cf. en dernier lieu, A. Meillet, *M. S. L.*, XVII, 111). En effet, si l'accent frappait l'*a* de *-paθya-*, il y aurait eu métaphonie, et le mot serait noté **γyp'yδ* ; or, on a *γypθ*, qui doit être lu **xḗp*ᵃ*θ*, qui est comparable d'une part à l'ossète occidental *xecau*, oriental *xīcau* (où *xec- : xīc-* représentent **x*ᵛ*áipaθya-*), de l'autre au sariqoli et chigni *xŭbaθ*, *xubaθ* dont l'initiale a été altérée sous l'influence de *xŭ*, *xu* « soi-même » ; l'afghan *xpal* présente un ressaut de l'accent. Ce **xḗp*ᵃ*θ* est noté en alphabet syriaque *xypθ*. Les formes modernes confirment l'accentuation admise : **xēpt* de **xēp*[a]*θ* est représenté en yagnobi par *xēp*, à côté duquel on a *xap* qui semble bien être inséparable de l'ossète occidental *xucau* « Dieu » et représente exactement de même que celui-ci un ancien **xwapaθya-*, accentué conformément à la règle générale **xwápaθya-*.

35. Un autre exemple fort net de la loi d'accentuation que nous retrouvons en sogdien et dans l'ensemble de l'iranien comme en persan est fourni par le nom de la « tortue » *kyšph* c'est-à-dire **kēšp*[a] (ou **kēš*[o]*p*[a] ?). Ce mot répond à pers. *kašaf*, ainsi qu'à bel. *kāsib*, afgh. *kášp* ou *kášap* ; dans ces deux langues il présente l'accentuation attendue d'un nominatif ancien **kásyapa-*, devenu d'abord **kāšp* et **kašp* puis *kāsib*, *kašp* et *kašap* par résolution du groupe consonantique final. La forme sogdienne est bien parallèle à celle des autres dialectes et ne peut être lue à aucun titre **kēšáp*[a] par exemple, parce que la métaphonie de la syllabe initiale s'y oppose et témoigne de façon sûre que celle-ci portait l'accent : ce sont, en effet, les voyelles accentuées qui sont altérées sous l'influence d'un *yod* de la syllabe suivante, et elles seules. Un ancien **kásyapa-* donne **kēšp*[a], mais un mot secondaire dépourvu d'intensité, comme le mot « autre », par exemple, reste *'nyw* **anyə* et ne devient pas **ēnə*.

36. De même l'ordinal *n'wmyk* « neuvième » qui doit être lu sans doute **nōmīk*, contrairement à ce qui a été dit *M. S. L.*, t. 17, p. 158, repose sur une ancienne forme **nawama-*, allongée par la suite au moyen du suffixe secondaire **-īk*. Ce **nawama-* a été accentué **náwama-* conformément à la règle et est devenu, sous l'influence de l'intensité qui se trouvait placée sur l'initiale, la pénultième étant brève, **náwm*[a] et **nōm*. L'*ō* a été noté, ainsi qu'il convient en sogdien par *w* aussi bien que par *'w*, et l'on a eu ainsi *nwm'y*, avec un suffixe *-'y*. Mais si un ancien **náwama-* a été traité ainsi selon la loi, il faut admettre que les autres ordinaux du même type l'ont été aussi, et il convient de corriger sur ce point spécial ce qui a été dit des noms de nombre ordinaux dans les *Mémoires de la Société de Linguistique*, t. 17, p. 137 et s. En effet, il n'a été aucunement tenu compte dans ce travail, ni de la question de l'accent, ni de celle du timbre des voyelles, plus ou moins furtives, insérées dans les syllabes atones. Là-dessus l'ordinal de **náwa* ne peut donner aucun renseignement puisque **aw* se contracte normalement en *ō* et que la syllabe posttonique se trouve par là-même supprimée. Une forme telle que *δsm'yk* ne peut apporter non plus aucun éclaircissement : elle se lit **δasmík* ou tout au plus **δasᵊmík* et ne comporte que deux syllabes pleines. Il en est de même pour toutes les formations d'ordinaux à élargissements en *-y* (*-ī) et *-yk* (*-īk). En revanche la question reste ouverte pour *'prtm, prtmw* « premier », *čtβ'rm* « quatrième », *pnčm* « cinquième » et *'βtmw* « septième ». Il paraît bien que la place de l'accent d'intensité sur l'avant-dernière, si elle est longue, et sur l'antépénultième, si la pénultième est brève, se trouve confirmée par le trouble apporté dans le vocalisme de l'ancienne pénultième. La voyelle qui suivait immédiatement la syllabe intense a été supprimée ou réduite, et lorsque le besoin de résoudre les groupes consonantiques l'a fait rétablir, elle a pris un timbre différent, à ce qu'il semble. En règle générale, cette voyelle n'est pas notée. Dans ses *Handschriften-Reste*, p. 98, M. F. W. K. Müller a restitué des *a* dans *pančamīk, 'aβṭamīk* ; nous avons fait de même dans l'article cité plus haut des *Mémoires de la Société de Linguistique*. Ainsi le sogdien était d'accord avec l'ossète qui a *-äm*, l'afghan qui a *-am*. Mais étant donné l'usage très fréquent en sogdien d'après lequel le timbre vélaire d'une brève précédant une consonne est indiqué au moyen d'un *w* placé *après* elle, on est amené à lire *prtmw* comme **frátumə*, *'βtmw* comme **áβtumə* et par suite *'prtm* *°frátum*, *čtβ'rm* **čatβārum* et *pnčm* **páncum*.

37. Ce qui semble confirmer cette lecture c'est que l'ordinal de *wγwšw* « six » (c'est-à-dire **uxᵘšu*) apparaît tantôt avec la graphie *wγwšwmy*, soit **uxᵘšumī*, tantôt sous les formes *wγwšmyk* et *wγšmyk* sans aucune indication concernant le vocalisme du groupe *-šm-*. Or, dans ce nom de nombre précisément le timbre **u* est assuré par la forme de *wγwšw* et hors de doute.

38. Sans doute avait-on un vocalisme analogue dans la finale en *-tm* des superlatifs, bien qu'il ne soit dénoncé par rien dans les deux exemples *prytm* **fᵒrítum* de *pry*, **fᵒrí* ou **fᵒríy* « cher » et *βγtm* **βáyᵒtum* de *βγ* **βay* « divin ». Au comparatif en *-tr* la voyelle renouvelée était en revanche un *a* : on doit lire **pántar* le *pntr* de *pnt* **pant* « proche », **frátar* « prior » le *prtr* qui répond au *prtmw* « primus », tout comme **čáδar* pour *č'δr* « de-ssous » (**ačáδarāṭ*), **čántar* pour *čntr* « de-dans » (**ačántarāṭ*) et **čúpar* pour *čwpr* « de-ssus » (**ačúparāṭ*). Ce dernier, au moins, est attesté en écriture syriaque avec la *scriptio plena* attendue *č'p'r* dans la seconde syllabe.

39. A côté de ces formes nominales, le verbe et, en particulier, le présent de l'indicatif fournit des indications très nettes sur le système d'accentuation que le sogdien possède en commun avec les autres dialectes iraniens. Comme on le verra exposé au chapitre traitant du système du verbe, le sogdien possède d'une même racine verbale en principe deux formes, l'une simplement active ou neutre, l'autre causative. La première remonte, en règle générale, à une ancienne forme thématique en *-a-*, la seconde à un dérivé en *-aya-*. Le schème du développement des deux anciennes séries peut être reconstruit comme il suit :

I	II
Thématique simple	Causatif
*barā́mi	*bàrayā́mi, *bàryā́mi
*bárahi	*baráyahi
*bárati	*baráyati
*barā́mah	*baráyamah
*báraθā	*baráyaθā
*baránti	*bàrayánti, *bàryánti

40. La syllabe radicale a été altérée par métaphonie chaque fois qu'elle était suivie d'un yod et qu'elle portait l'accent secondaire, suffisant en l'espèce, et séparé du principal par une dépression accentuelle complète. Et l'on a eu :

I	II
*β^{a}rā́m	*βèrā́m
*βárē	*β^{a}rḗ
*βárt	*β^{a}rḗt
*β^{a}rā́m	*β^{a}rḗm
*βár^{o}θ	*β^{a}réθ
*β^{a}ránt	*βèránt

Le vocalisme radical en *-a-* est devenu dès lors caractéristique de la forme simple, celui en *-ē-* des causatifs, et les formes déterminantes, c'est-à-dire la seconde et la troisième du singulier, la deuxième du pluriel, dans le premier cas, la première du singulier et la troisième du pluriel dans le second, ont entraîné les autres personnes d'autant plus facilement que les voyelles radicales de ces dernières étaient inaccentuées et par suite fugitives. Quant aux désinences, elles ont été unifiées puisque leur double forme n'avait plus de sens : la graphie ne permet pas de distinguer si c'est *βárē ou βarḗ qui l'a emporté. Le yagnobi ne dit rien, puisqu'il accentue, à ce qu'il semble, la racine verbale de façon systématique ; d'ailleurs c'est là, sans doute, un fait ancien, et si l'accent secondaire a entraîné la métaphonie dans les causatifs, c'est qu'il était d'autant plus fort qu'il portait sur le radical. A la première du pluriel on a eu *βarḗm et *βērḗm par opposition à la première du singulier ; à la seconde du pluriel, on trouve aussi, la désinence -ḗθ.

41. Pour finir, il convient de noter que dans tous les cas où l'application de la même loi d'accentuation devait entraîner des conséquences diverses en persan qui a généralisé ou conservé la forme du cas oblique, et en sogdien (et scythique) où celle du nominatif a seule triomphé, on observe bien, en effet, les divergences attendues. Le sogdien a pour « mère » *m'th* *$\acute{\bar{m}}$āt^a* (en écriture manichéenne *m''t* ; v. F. W. K. Müller, *Handschriften-Reste,* p. 102), issu correctement d'un ancien **mātā(r),* tout comme *mad, madä* en ossète, *mād* en chigni et en persan même *mād* ; il a de même pour « fille » *δγwt, δwγt,* c'est-à-dire **δúx^{u}t* à côté de vakhi *δagd,* sanglitchi *daγ*, mindjani *lōγda*, yidgah *luγdoh* et de persan *duxt* de **δúγδā(r)* ; pour « frère » la forme correspondante ne se trouve attestée par hasard qu'en yagnobi par le mot *virāt* (= **vrāt*), auquel répondent l'ossète *arvad* (= **vrād*), le vakhi *vrüt,* le chigni *vrod*, le sariqoli *vrōd*, le yidgah *vrai* et aussi le persan *birād* qui tous représentent **βrātar-*. Des formes obliques, il n'y a pas trace, en revanche ; le cas sujet ayant été généralisé, la loi d'accentuation ne permettait plus le maintien d'aucune forme terminée en **-rē* : *mādár*, *duxtár* et *birādár* sont exclusivement propres au persan. Il n'y a de traces de l'*r* prédésinentielle des noms de parenté en sogdien que là où elle s'est trouvée être intérieure et non plus finale, par suite d'un allongement des mots en question au moyen de quelque suffixe secondaire.

Tel est le cas pour *'ptry* *°p^atri*, en sogdien manichéen *pṭryy* (F. W. K. Müller, *Handschriften-Reste*, p. 102) et syriaque *pṭry* « père » et pour le mot sogdien ancien *δwyδryh* c'est-à-dire **δuγ°δrí* « fille » (v. *J. R. A. S.*, 1912, p. 344), ou encore, ainsi qu'on le verra par la suite pour les formes de pluriel *βr'trt* **βrātart* en sogdien d'écriture sogdienne, *pṭrṭy'* **patartĕ* en sogdien syriaque.

42. On voit comment la communauté du système d'accentuation entre le sogdien et les autres dialectes iraniens, y compris le persan, se marque jusque dans le désaccord qui existe entre la première et la dernière de ces langues. En sogdien, comme dans l'ensemble de l'iranien moyen, la forme des mots est déterminée, somme toute, par un accent d'intensité pricipal qui frappe la pénultième longue ou l'antépénultième là où l'avant-dernière était brève et par un accent secondaire qui tombe sur les syllabes paires en remontant de la voyelle intense vers le début des mots. Dans les noms, la forme conservée est celle du nominatif.

CHAPITRE II.

L'INITIALE.

43. L'initiale des mots présente en sogdien, comme dans tous les dialectes iraniens d'une façon générale, des traitements particuliers qu'il est nécessaire d'étudier tout d'abord.

En premier lieu il y a eu, à un moment donné, *prothèse,* c'est-à-dire addition en tête du mot d'un élément vocalique destiné à faciliter la prononciation chaque fois que ce mot commençait par un groupe de consonnes. Ce groupe peut naturellement être ancien, d'origine iranienne commune, et indépendant de l'accentuation par conséquent ; mais il peut aussi être de formation récente et provenir de la chute ou de la réduction d'une voyelle brève placée devant une syllabe intense. En ce cas la prothèse peut fournir des indications sur la place de l'accent et sur ses effets. De plus un autre type de prothèse, postérieur au premier, a servi à éviter l'emploi de monosyllabes.

En second lieu, suivant un procès qui lui non plus n'est pas propre au sogdien et qui se retrouve jusqu'en persan, les voyelles brèves initiales, prothétiques ou étymologiques, nouvelles ou anciennes, ont tendu à disparaître, surtout au cours de la période moyenne de la langue. Comme on le verra, la tradition littéraire a maintenu en usage dans les textes bouddhiques en écriture sogdienne un grand nombre de formes à voyelle brève initiale ; mais on voit apparaître néanmoins des doublets où cette voyelle a disparu,

Dans ces doublets elle a été remplacée par un élément vocalique très bref placé entre les deux consonnes du groupe initial, et l'*insertion* a pris la place de la prothèse. Elle caractérise des formes sans doute plus voisines de la parole journalière, plus jeunes, en quelque sorte, par opposition aux graphies traditionnelles plus littéraires. Ainsi d'anciens mots tels que **ruwắn-* « âme », **žiwắn-* « vie » ont été altérés en **rwắn* et **žwắn* sous l'effet de l'accent; ils sont devenus respectivement *'rw'n*, à lire **ᵒrwắn* et *rw'n* à lire **rᵘwắn*, *'zw'n*, à lire **ᵒžwān* et *zw'n*, à lire **žⁱwắn* grâce à la prothèse et à l'insertion. De la même façon on a eu du mot qui signifie « père » le dérivé secondaire **patarí* d'où **ptarí* et *'ptry*, c'est-à-dire **ᵒptᵃrí*; avec suppression de la prothèse, on retrouve en sogdien manichéen le correspondant régulier *pṭryy *pᵒtarí*.

44. Dans d'autres exemples, on peut observer, pour ainsi dire sur le vif, l'alternance du degré plein de la voyelle sous l'accent et de son degré réduit en dépression accentuelle. La présence de la prothèse dans le second cas rend le changement apparent à l'intérieur même des dialectes sogdiens. Ainsi l'on trouve :

en face de yagnobi *ván* « long », la forme sogdienne *'βn'yk* « long », soit **ᵃ-βᵃn-ík*;

à côté du radical sogd. *βr- *βár-* « porter » dans *βrt *βárt* « il porte », par exemple, le dérivé *'βr'y* « porteur », c'est-à-dire **ᵃ-βᵃr-í*;

à côté du préverbe sogd. *ny-*nĭ̄-* « en bas », une forme verbale *'nšpr-* « poser le pied », soit **ᵃ-nⁱ-špár-*;

à côté du préverbe sogd. *pt- *pat-*, une fois *'ptγw'r* « dévorant », qui doit être lu **ᵃ-pᵃt-xwắr*;

du verbe **žaγ-* « dire, proclamer » un dérivé nominal *'zγ'nt* « héraut », c'est-à-dire **ᵃ-žᵃγánt.*

45. Il semble même, au témoignage de nos documents, qu'il suffise que la voyelle dont la présence empêche un groupe de consonnes initial de se former, soit simplement affaiblie, pour que la prothèse se produise ; ainsi, lorsqu'un élément lourd, c'est-à-dire de quantité longue, vient s'ajouter à un mot. En effet, en sogdien, comme en persan et comme dans l'ensemble du moyen iranien tout au moins, l'intensité est liée à la quantité, et l'accent tend tout naturellement à se porter vers elle. Une voyelle brève, même accentuée normalement, est diminuée, à ce qu'il semble, lorsqu'elle se trouve dans le voisinage immédiat d'une longue, quand bien même celle-ci ne porte pas l'accent. Il convient, à ce sujet, de ne jamais perdre de vue l'excellent résumé de la *Persische Grammatik* de MM. Salemann et Shukovski (§ 8).

L'exemple caractéristique de ce genre d'altération est fourni par le mot *'prw* *^{a}p^{a}rō « sur, en plus » qui alterne avec *prw* *parō et se rattache à *pr* *pár « à, sur ». Il convient de noter d'ailleurs que *'prw* n'est pas un mot plein ; c'est un mot secondaire, qui se trouve fréquemment dans des dépressions d'intensité et dont l'accent propre est tout naturellement atténué et comme effacé.

46. La fréquence des alternances entre la prothèse et l'insertion initiales a favorisé le maintien des formes doubles, surtout dans la langue écrite qu'est le sogdien en écriture sogdienne. C'est un peu de la même manière que l'on a côte à côte en persan moderne اشتر et شتر. Même il a dû se créer des doublets, irréguliers peut-être au point de vue phonétique, mais dont il est impossible de dire qu'ils n'ont pas eu une existence réelle dans la langue parlée. C'est sans doute ainsi que l'on a fait *'ps'* *^{a}p^{a}s^{a} « mouton » en face de *psw* *pásə « mouton » ; *'ks'* *^{a}k^{a}s^{a} « petit » à côté de *ks'y* *k^{a}sí. Encore y a-t-il lieu peut-être de tenir compte de ce que *ks'y* a pu être prononcé le cas échéant *^{a}k^{a}sí. Alors *'ks'* serait, en partie, analogique.

En tout cas c'est bien à l'action de l'analogie que sont dûes les formes verbales *'pčty* et *'yzty*. Dans *'pčty*, à lire ^{a}páč^{o}tĭ « il fait cuire » la prothèse ne s'explique pas directement ; mais on avait à côté *^{a}p^{a}čā́m « je cuis », *^{a}p^{a}čánt « ils cuisent », *^{a}p^{a}čā́n « je cuirai, que je cuise » et d'autres personnes du subjonctif à voyelle radicale inaccentuée. Le cas de *'yzty* *^{a}yáz^{o}tĭ « il adore, il vénère » est le même que celui de *'pěty*.

Aucune action analogique ni phonétique ne paraît pouvoir rendre compte d'alternances sporadiques telles que *'myδ'ny* : *myδ'ny* « milieu », *'pyšt-* : *pyšt* « après », par exemple. Il s'agit, sans doute, de simples imitations, à moins que des raisons de phonétique syntactique, aujourd'hui en tout cas insaisissables pour nous, ne soient intervenues.

47. Un petit nombre d'exemples d'un type particulier doivent être mis à part : ce sont ceux où la prothèse s'est établie devant une initiale ancienne *cons.* + r̥ + *cons.* Il ne semble pas, en effet, que tous les cas s'expliquent simplement par la réduction de l'élément vocalique développé à une certaine date devant l'ancien *r̥ devenu *r* ; auquel cas, il faudrait admettre qu'à la date la plus ancienne à laquelle la forme écrite du sogdien nous ramène, la voyelle de la future diphtongue à second élément *r* était encore très débile. C'est une question importante à examiner à propos du sort de l'ancien *r̥ ; voici les données concernant sa présence dans la première syllabe des mots :

'krt- ancien **kr̥t-* « fait ». On pourrait admettre une réduction (cf. § 44) dans les dérivés tels que *'krt'nyh*, *'krtyh* « action ». Mais on a *'krt*, *'krtk*, *'krtč* « fait », Cf. sogd. syr. *qty*, yagnobi *iktá*.

'krtw « coupure, scission » ; ancien **kr̥t-*.

'mrγ' « oiseau », ancien **mr̥γ-*, à côté de *mrγ'*.

'prs- « questionner », ancien **pr̥s-*. Cf. yagnobi *purs-*.

48. Pour se faire une juste idée des faits de prothèse, il convient de ne pas perdre de vue que les mêmes phénomènes de prothèse, et de remplacement de l'élément initial préposé par une brève intercalaire résolvant le groupe initial se sont produits de façon exactement pareille là où les groupes initiaux étaient anciens. Le parallélisme est complet, et des exemples nombreux et sûrs l'illustrent :

'δry *^{a}*θrē* « trois » à côté de *δry* **θ*^{i}*rē*
'γs'ywn *^{a}*xšēw*^{a}*n* « plainte »
'γš'y- *^{a}*xšāy-* « être maître de, disposer de »
'γšδrt'k *^{a}*xšàθr*^{a}*tāk* « impérial » (emprunt)
'γšn'm *^{a}*xšinām* « pardon »
'γšp- *^{a}*xšáp-* « nuit »
'γšy'k *^{a}*xšayāk* « qui ronge, qui détruit »
'γšyβty *^{a}*xšíβt-* « lait »
'γšywn'k *^{a}*xšèw*^{a}*nāk* « qui règne »
'γws'nt *^{a}*xwasánt* « satisfait »
'γwš'yw *^{a}*xwašáyə* « de travers »
'γwšh *^{a}*xwáš*^{a} « femme du mari »
'kδ'r *^{a}*kδār* « présent » à côté de *kδ'r'k* **k*^{a}*δārāk*
'prtmy *^{a}*frát*^{u}*m-* « premier » à côté de *prtmw* **f*^{i}*rát*^{u}*mə*
'pš'nk- *^{a}*pšān*^{o}*k* « filet, lien », à côté de *pš'nk-* **p*^{a}*šān*^{o}*k-*
'pš'rmy *^{a}*pšārm-* « lieu »
'skr- *^{a}*skár-* « tromper, se tromper »
'skw'- *^{a}*s*^{u}*k*^{w}*ā-* « séjourner, durer » à côté de *skw-* **s*^{u}*k*^{u}*-*
'sk'nt-y *^{a}*skánd-* « estropié »
'sp's- *^{o}*spās-* « veiller, servir » à côté de *sp's-* **s*^{i}*pās-*
'sp'yt- *^{o}*spēt-* « blanc »
'sprγ- *^{o}*spár*^{o}*γ-* « jaillir, briller, fleurir »
'st'r'k *^{o}*stārāk* « pêcheur »
'st'rs *^{o}*stār*^{o}*s* « charrue »
'st'wnyh *^{o}*stūn-* « colonne »
'st'wr *^{o}*stōr* « bétail, animaux »
'šk'npw '^{o}*škámbə* « dhātu » à côté de *šk'npw* **š*^{i}*kámbə*
'škr- *^{o}*škár-* « chasser » à côté de *škr'k* **š*^{i}*karāk* « chasseur ». Cf. *šykr* « il chassa »

_'zβ''k_ _*^{o}žβā́k_ « langue » à côté de _zβ''k_ _*ž^{i}βā́k_. Cf. I. _zirā́k_
'zrw' _*^{a}zrw^{a}_ « Brahma » à côté de _zrw'_ _*z^{a}rw^{a}_.

49. Il reste, pour en finir avec les faits qui concernent les groupes consonantiques initiaux, à montrer comment au cours de l'époque moyenne le sogdien a tendu à remplacer la prothèse par l'_insertion_. Entre les deux consonnes groupées en tête du mot, en même temps que la prothèse ou la voyelle brève étymologique ont disparu, il a été introduit, ainsi qu'on l'a vu déjà pour une série de cas (§ 48), un élément vocalique très bref dont le timbre a été déterminé par les consonnes et les voyelles environnantes. Ce timbre nous est connu, dans un certain nombre d'exemples, soit par la comparaison des dialectes, soit surtout par la présence de _matres lectionis_ ou graphies pleines, alternant avec l'orthographe normale qui ne note pas, bien entendu, des voyelles aussi réduites.

Une série de mots qui apparaissent dans nos documents, tantôt avec la prothèse, tantôt avec l'insertion a été donnée § 46, 47, 48. Voici une liste de ceux qui alternent avec une forme à ancienne voyelle initiale ou qui ne présentent que l'insertion :

50. I. Mots a ancienne voyelle initiale.

βčnβδ _*f^{o}čambáδ_ « monde » (sogd. syriaque _fčmβδ_) à côté de _*'βč'npδ_.
_βs'nγ_ _*f^{a}sā́n^{u}x_ « lieue » à côté de _'βs'nγwh_.
sogd. syr. _fšm-_ _*f^{o}šam-_ « envoi, conduite » à côté de _'βš'm_.
βš'wnp- _*β^{o}šṓmb-_ « dépouiller » à côté de _'βš'wnp-_.
βy'gš'ntk _*β^{i}yēšánt^{o}k_ « bouillant » à côté de _'βy'š'ntčy_
_pδ'ty_ _*p^{o}δā́te_ « faute » à côté de _'pδ'ty_
_pγ'rš-_ _*p^{o}γā́rš-_ « faire reculer » à côté de _'pγ'rš_
pγw's- _*p^{o}xwás-_ « couper » à côté de _'pγws-_

pz'rn **p°zā̆rᵃn* « remords » à côté de *'pz'rn*
pstnh **p°stánᵃ* « regret » à côté de *'pstnh*
yagnobi *sitak* « os » à côté de sogd. *'stkw*

51. II. Mots a groupes de consonnes initiales qui ne présentent que l'insertion.

βr'γš- **frāxš-* puis **fⁱrā́xš-* « tirer »
βr''k, βr'k « au matin, demain » **fⁱrā́k*. Cf. yagn. *firāk*
βr''s, βr's « souffrance, châtiment » **fⁱrā́s*
βr'γ'z- « commencer, se mettre à » **fⁱrāxā́z-*. Cf. *pr'γ'z-*
βr'n « haleine, souffle » **fⁱrān*. Cf. skr. *prāṇaḥ*
βr'trt « frères » *βⁱrā́tᵃrt*. I. *virā́t*
βr'yzkh « sécheresse », **βⁱrēž°kᵃ*
βrβwδn « parfum » **fraβṓδᵃn*, **farβṓδᵃn*.
βrβ'nt « trompent » **fⁱrēβánt* (?).
βrγ'z « préhension » **fraxā́z*, **farxā́z*.
βrγ'w « richesse » **fraγā́w*, **farγā́w*. Cf. *prγ'w*.
βrγs'ym « rendons hommage » **βⁱraxsḗm*.
βrγw'y- « découper » **fraxway-*, **farxwáy-*.
βrwz'n'k « volant » **frawᵃzānā́k*, **farwᵃzānā́k*.
δβr- « donner » **θⁱβár-*. Sogd. syr. *θβr-*, yagn. *tĭfar*. Ancien **aθβar-* mais n'apparaît plus nulle part avec sa voyelle initiale à cause de l'isolement du préfixe *ăθ-* (cf. le sort de *'β-*, *'n-*, *'m-*, *'p-*).
δβrw « porte » **δⁱβárə*. I. *dĭvar*.
δβnw « deux » **δⁱβínə*. Cf. *δyβnw* **δⁱβínə*.
δβz' « faim » **δⁱβázᵃ*. Yagn. *dĭvaz*.
δβytyw « second » **δⁱβítyə*. Cf. *δyβty* « second » **δⁱβít-*, ainsi que *δyβp'δ'kw* **δⁱβipāδā́kə*, *δyβzβ''k* **δⁱβižiβā́k*.
δr'wn « arc » **δᵘrū́n*.
δrγmh « mensonge » **δᵘrúγmᵃ*
δrγty « fixé » **δⁱráxt-*.

δrγw « mensonge » **δᵘrúγə*. Yagn. *durūγ* (emprunt ?)

δw', δwy « deux » **δᵘwᵃ, δᵘwē*.

γr'm « viens, marche » **xⁱrā́m*.

γr''n, γr'nh « lourd, enceinte » **γⁱrā́n, *γⁱrā́nᵃ*.

γr'yk « poussière, terre » **γⁱrḗk*. Yagn. *γirīk*.

γr'yn « achète ! », *γr'yt* « acheté » **xⁱrín, *xⁱrít*.

γr'yw « personne » **γⁱrḗw*.

γrβ « beaucoup » **γᵒráβ*.

γrβ'nt « ils ont saisi » **γᵒraβánt*.

pr''δn « vente » **fⁱrāδā́n*.

pr''γt « parti » **fⁱrāγát*.

pr''šy « envoya » **fⁱrāšē*.

pr'č'k « expiation » **fⁱrāčā́k*.

pr'm'y- « ordonner » **fⁱrāmā́y-*. Cf. *prmāy- *framāy-, *farmā́y-*.

pr'n'y- « projeter » **fⁱrānā́y-*.

pr'yč- « laisser » **pᵒrḗč-*. Ancien **aprḗč*, mais n'apparaît déjà plus nulle part avec son ancienne voyelle initiale,

pr'yp- « emmener » **pᵒrḗp-*. Même remarque que pour le verbe précédent.

pr'ys- « arriver » **fⁱrāyás-*.

pr'z'k « êtres nuisibles » **frāžā́k*.

prβrt « écarte » **fraβárt, *farβárt*.

prγšnh « propos » **fⁱráxšᵒnᵃ*.

prk'š « expiation » **frᵃkā́š, *farkā́š*.

prm « en avant » **fⁱrám*.

prt'mč « face en avant » **fratā́mᵃč, *fartā́mᵒč*.

de même pour toute la série des verbes et noms commençant par *pr- *fra, *far* et *pr'- *fⁱrā-*.

pry « cher » **fⁱrī, prytm *fⁱrītᵘm, pryw *fⁱríyə* et *pry'n *fⁱriyā́n*

sγw'y- « détacher » **sⁱxwā́y-*. Cf. *syγw'y-* et yagn. *sŭxā̆y-*.

sm''δn « bonne odeur » **sⁱmā́δᵃn*.

sn'y « baigner laver » **sⁱnāy-*. Cf. *syn'y-* et yagn. *sinăy-*.
šβ'r « honte » **šⁱβár*.
šm'γw « vous » **š°mắxə*. Au point de vue des parlers scythiques le pronom personnel de deuxième personne du pluriel est comme s'il n'avait jamais présenté de voyelle initiale (Cf. § 52)
šm'r- « songer, computer, compter » **šⁱmắr-*.
špšh « poux » **š°píšᵃ*.
zr'ynč- « délivrer » **zⁱrḗnč-*.
zr'γs- « éviter » **zⁱráxs-*.
žγ'yr- « appeler » **žⁱγḗr-*. Cf. *žyγ'yr*
zw'rt- « tourner, (se) retourner » **zⁱwárt*. Cf. *zyw'rt* et yagn. *zŭvart-*. Le causatif est en yagnobi *zivirt-*.

52. Aux listes qui précèdent la tradition littéraire sogdienne oppose toute une série de mots d'aspect archaïque, qui ne présentent aucune altération. Tels sont : *'βš'yt* **aβšắy°t* « il descend » ; *'βz''wt* **aβzắw°t* « il verse en plus » ; *'γs'yn* **axsḗn* « verdâtre » ; *'krny* **akᵃrun-* « illimité » ; *'nβ'nt* **amβánt* « cause » ; *'nβ'rz-* **amβárž-* « réception, bienvenue » ; *'nβ'st* **amβást* « attelé » ; *'nδ'wt* **anδắw°t* « il enduit » ; *'nγδ-* **anγáδ-* « blesser » ; *'nγ'yz't* **anxḗžāt* « lève » ; *'nγ'št* **anxášt* « levé » ; *'nγr* **anxár* « fixe » ; *'nγt-* **amγát-* « approché » ; *'nγw'y-* **anxway-* « briser, enfreindre » ; *'nγz-* **anxáž-* « se lever » ; *'nkr'nt* **ank°ránt* « il coupe » ; *'nkwšt-* **angúšt-* « doigt » ; *'np'st* **anpást* « tombé » ; *'npt* **anpát* « il tombe » ; *'ns''č*, *'ns'č-* **amsắč-* « disposer, joindre » (part. pass. *'ns'γt-* **amsắxt-*) ; *'ns'rty* **ansárte* « refroidi » ; *'ns'wr* **ansắr* « chose précieuse, inestimable » ; *'nškr-* **amš°kár-* « cueillir » ; *'ntyw*, *'nt'yw* **andáyə* « banni » ; *'nw'n-* **anwắn-* « suite, compagnon » ; *'nz'nwk-* **anzắnŭk-* « à genoux » ; *'pγw'y-* **apxwắy-* « trancher » ; *'pkšy'* **apkᵃší* « émanation » ; *'ps'yd* **apsḗδ* « limite » ; *'ps'ynk'* **apsḗn°kᵃ* « bleuté » ; *'pškr-* **apšⁱkár-* « rejeter » ; *'pšty-* **apšⁱtáy-* « quitter » ; *'pt'rt* **aptắrt* « il châtre » ; *'pw'δ-* **apwắδ-*

« frapper » ; _'pw'rt *apwárt_ « il se détourne » ; _'spn- *aspán-_ « fer » ; _'wγ''kyh *ōγākí_ « pilon » ; _'wγn- *ōγán-_ « frapper » ; _'wpt *ōpát-_ « il tombe » et _'wp'st *ōpást_ « tombé » ; _'wp'y *ōpấy_ « surveillance, garde, soin » ; _'wswγt- *ōsúxt-_ « pur » ; _'wst'- *ōstấ-_ « disposer, enseigner » ; _wst'k *ōstấk_ « soutien » ; _'wp'rs *ōpárs_ « question » ; _'wt''k *ōtấk_ « localité, établissement » ; _'wzy'n *ōz_^{i}_yān_ « sacrifice ». Il faut noter que la conservation de l'_a-_ ancien apparait avant tout, comme il est naturel, dans les préfixes dont la valeur était restée sensible et dont la forme tendait par suite à être conservée.

53. J'ai noté par _ō-_ le représentant de l'ancien _*aw-_ initial, quelle que soit d'ailleurs son origine. L'étude de nos documents ne nous permet guère d'autre interprétation : ils attestent assez bien que la graphie _'w-_ représente dans l'espèce une monophtongue.

En effet, ainsi qu'on l'a vu plus haut (§ 54) l'_insertion_ a supplanté et a tendu à éliminer dans nos textes non seulement la prothèse plus ancienne, mais encore la voyelle brève initiale conservée devant les groupes consonantiques. Or l'_a_ bref qui précédait le _w_ n'est plus libre ni susceptible de disparaître pour être remplacé par quelque voyelle brève insérée ; les mots commençant par _'w-_ perdent leur initiale vocalique, fondue en _ō-_ avec la sonante suivante. S'il n'y avait pas eu monophtongaison, rien ne se serait opposé à ce qu'un ancien _'wt''k *awtāk,_ par exemple, devînt _*w°tāk._

On voit, sans peine, quel est l'intérêt de ce fait ; il montre en effet, combien la voyelle brève qui était en dépression accentuelle _complète_ et figurait juste avant la syllabe accentuée est tombée tôt lorsqu'elle figurait entre deux consonnes. Et il faut admettre que toute voyelle que l'on trouve dans cette même position a été restituée, ou maintenue par suite de l'intervention d'agents plus puissants.

54. On observe exactement la même chute des brèves

initiales que celle qui a été posée ci-dessus mais singulièrement plus régulière dans les mots qui commencent par une consonne unique. L'on a *č'δrčyk* « d'en bas, inférieur » de **ačāδar-* (et *č'δrs'r* « vers en bas » de **acāδar + sār-*) ; *č'* « de » (en composition surtout) de **ača*, plus ancien **hača* ; *čnn* « de » et *δnn* « avec » de **ača + n-* et **aδa + n-* ; *m'γw* « nous » de **amāxa-* et par une action analogique tout à fait ancienne *šm'γw* « vous » de **ašmāxa-* ; *nwš'kw* **nōšā́kə* « éternel, bienheureux » de **anauša-* ; *w'γwn'k* **wăγōnā́k* « de telle sorte » de **ava-gaunāka-* ; *n'r'kh* **nārā́k*[a] « grenade » de **anār-āka-* ; *y'r* **yār* « ami » de **ayār-*.

L'*i* bref est tombé de même à l'initiale du pronom **ima-* qui est devenu **ma-* puis **°ma* dans les formes monosyllabiques ainsi qu'on le verra plus bas : on a *'mw* en face de *mwn'kw*.

L'*u* bref est tombé tôt en toutes conditions. Ainsi il a disparu de la préposition inaccentuée *pr* « sur » c'est-à-dire **par* de **upari* et de la forme longue correspondante, qui comporte deux syllabes (cf. § 45) *prw*. Il n'est pas sans intérêt de noter à ce sujet que le sogdien d'écriture et orthographe sogdiennes traditionnelles a encore *čwpr*, **čup*[a]*r*, qui répond textuellement au français « dessus » et a gardé le souvenir du timbre de l'initiale de *upari*, tandis que le sogdien syriaque dit et surtout écrit déjà *č'p'r*, soit *čáp*[a]*r* ; le *č'-* initial a été généralisé, sans doute sous l'influence de *č'δr-*, par exemple.

Mais on constate la disparition de l'*u* bref initial même lorsqu'il en résulte un groupe ; le préverbe **us-* **uz-* devient *s-* *z-*. Ainsi l'on a *syw'y-* *syγw'y-* « détacher, enlever (d'un coup) » c'est-à-dire **s*[i]*xwā́y-* de **usxwā́y-* où le verbe simple est **xwāy-* « frapper, pousser » ; peut-être le causatif *zγ'yr-* **ž*[i]*γēr-* « faire appeler » d'un **uzγar-* dont le simple serait **γar* (mais on a un *ž-* initial déjà dans sogd. syr. *ž'yr*) ; *zr'γs-* **z*[i]*rāxs-* « délivrer » qui répond à un ancien **uzrāxs-* ; *zr'ynč-* « libérer », c'est-à-dire **z*[i]*rēnč-* de **uzrēnč-*. On voit comment s'affirme ici à nouveau la communauté d'évolution des dialectes scythiques : l'ossète perd l'*i* et l'*u* brefs exactement dans les mêmes conditions que le sogdien (cf. Miller, *Grundr. d. ir. Phil.*, t. I, *Anhang*, p. 18 et 19). Il faut encore ajouter ici *'sk'* *°*sk*ᵃ « en haut » de **ska*, issu lui-même de *uskāṭ*.

55. Un cas particulier est celui du mot *'γwštrw* *°*x*ʷ*ušt*ᵘ*rə* « chameau » qui est visiblement inséparable de av. *uštra-*, pers. *uštur*, *šutur*, mais dont l'initiale semble surprenante. L'*u-* du début est bien tombé, mais il a laissé une trace : la spirante gutturale *x*ʷ, qui paraît si bien liée à *u* en iranien qu'en vieux perse elle n'est pas notée devant cette voyelle. On a eu dès lors **x*ʷ*štra-*, *°*x*ʷ*štrə* et *°*x*ʷ*ušt*ᵘ*rə*.

56. Il y a cependant quelques cas où l'*a* bref initial n'est pas tombé. Il s'agit alors, sauf exception, de mots qui seraient devenus des monosyllabes si l'initiale avait disparu et qui ne pouvaient pas être ainsi diminués sans dommage ; car à partir d'un certain moment le sogdien a évité soigneusement d'employer comme mots de quelque importance des monosyllabes trop légers. Le cas le plus important de beaucoup et le plus intéressant est celui de *'β'*, troisième personne du singulier du passé du verbe « être » ; ce *'β'* remonte à un ancien **aβwā* et à son correspondant dépourvu d'ailleurs d'augment, dans le vieux slave *bě*. La conservation de l'augment y est tout à fait comparable à celle que présente l'arménien *eber* « il a porté » : on a évité en sogdien le monosyllabe **β'* comme en arménien le monosyllabe **ber* à l'indicatif. En effet, on trouve en tout dans les textes étudiés trente sept *'β'* contre deux *β'*, placés l'un et l'autre exactement dans la même formule et dans les mêmes conditions spéciales : à la fin d'une ligne et précédés d'une finale en *-kw* (*V. J.*, l. 186 et 685).

De même que l'on a *'β'*, on a aussi *'zw*, soit **azō*. La forme *zw*, possible à partir d'un certain moment puisque le monosyllabe restant comportait une longue et devenait nettement un mot accessoire, ne s'est rencontrée jusqu'ici qu'en sogdien syriaque. En yagnobi on a *az* qui remonte sans doute à une forme courte **azə*. Les pronoms correspondants attestés dans les documents d'Asie Centrale comportent un élargissement tel que **-au*. Il faut ajouter ici la préposition *'pw* **apō* (sogd. syr. *pw*).

Le mot pour « chien », *'kwty*, *'kwt'*, est correctement représenté en yagnobi par *kut*, *kud*. Sans doute s'agit-il d'un monosyllabe, et la conservation de l'initiale vocalique, étymologique ou non, s'explique par la brévité de la syllabe radicale, suivie cependant d'une consonne finale.

Il convient de noter en finissant que le mot *'ny* « autre » est un monosyllabe accessoire et normalement inaccentué. Il doit se lire **anĭ*, comme le montrent les graphies *'nyw*, c'est-à-dire **anyə* et *'ny'*, c'est-à-dire **anyᵃ*. Et l'*a-* en est inaccentué puisqu'il échappe à la métaphonie et que l'on a **anĭ* et non pas *ēn* (cf. yagnobi *ani* en face d'ossète *innä*. Cf. § 35).

57. La différence de traitement entre *i-* et *u-* d'une part et *a-* de l'autre (cf. § 54) a eu pour conséquence, ainsi qu'on vient de le voir, qu'un certain nombre de mots à anciennes voyelles brèves initiales ont été présentés à bon droit au cours de l'exposé comme commençant par un groupe de consonnes (cf. ci-dessus § 51), au point de vue de leur traitement en sogdien. Une autre conséquence est que, tandis que *'β'* a été maintenu intact, **ima-* est devenu *ma-* et que, par la suite, lorsque la tendance à éviter des monosyllabes autonomes trop légers s'est exercée en sogdien, *'β'* a été simplement maintenu et fortifié en quelque sorte, tandis que devant **ma-* comme devant d'anciens monosyllabes apparaissait un type de prothèse autre que celui qui a été vu déjà. Alors l'on a eu *'čw* **ᵃčŭ* « que, quoi » (cf. yagnobi *-āč* « quelque chose ») à côté de *čw*, plus récent et rare.

'δw *ᵃδuʷ « deux » et, par analogie, 'δw' *ᵃδᵘwa et 'δwy *ᵃδᵘwē à côté de δw' et δwy (cf. *M. S. L.*, t. 17, p. 142 et s.)

'γw *ᵃxō « ce, il, le », très rarement γw, en yagnobi *ax*. Cf. skr. *asáu*, av. *hāu*, v. p. *hauv*.

'*kw* *ᵃ*kū* « où » à côté de *kw*, rare ; cf. yagnobi *kū*.

'*ky* *ᵃ*kē* « qui » à côté de *ky*, rare.

'*mw* et '*my*, *ᵃ*mō* et *ᵃ*mē* « celui-ci », à côté de *mwn'kw* **mōnā́kə* « celui-ci » polysyllabe et quatre fois *mw* dans le sūtra de Dīrghanakha, qui est de forme relativement moderne.

58. Ce dernier mot est important. Il éclaire, en effet, en une certaine mesure la chronologie relative de la chute des brèves initiales, et fournit un point de repère dans le temps. Les formes '*mw* et '*my* représentent, augmentées d'une voyelle préposée, une forme ancienne en **ma-* issue elle-même du démonstratif *ima-*. Car en sogdien comme en ossète, comme en afghan et en scythique dans l'ensemble, *i-* et *u-* en initiale découverte sont tombés de façon générale et précoce ; c'est ainsi que l'on a en ossète oriental *ta* « mais, donc » en face de av. *iθa* « ainsi » (W. Miller, *Grundr. d. iran. Phil.*, t. I, *Anhang*, p. 18) et *ba* à côté de *upa* (ibid., p. 19). De même iran. comm. *uskāt̤* « en haut » a donné dans les dialectes du Nord **ska* et par prothèse, *hask* pour **ask* en afghan et '*sk*', *ᵒ*skᵃ* « haut » en sogdien ; on a aussi '*zw'rt-* « retourner, se retourner » à côté de *zw'rt-* dont le *z-* représente ce qui reste après la chute de l'*u-* initial du préverbe **uz-*. D'où l'on voit que *i-* et *u-* sont tombés à une époque où les groupes consonantiques initiaux et les monosyllabes étaient encore possibles. Il n'en a pas été de même pour l'*a-* ; or on sait que d'une façon générale l'*i* et l'*u*, qui sont les voyelles les plus fermées, sont naturellement les plus brèves, les plus exposées aux réductions et aux chutes (cf. § 54).

59. Une difficulté particulière se pose pour l'ordinal « troisième » *'čštyk* (tardiv. *čšty*), *'šty*, *'štyk* pour l'explication duquel j'ai été amené à supposer, sans en donner d'autre raison que celle de la difficulté à résoudre, qu'il avait reçu une voyelle prothétique fixe, à date plus ancienne que le mot « trois » correspondant (*M. S. L.*, t 17, p. 147 et s.) Et il paraît difficile, à ce qu'il semble, d'échapper à l'hypothèse d'une pareille prothèse ; mais il est possible de la légitimer et de la rattacher au développement phonétique propre du sogdien. Il suffit de ne pas se laisser dominer par les données commodes, mais trop lointaines dans le cas présent, des anciens dialectes méridionaux ; et il faut sans doute écarter la forme représentée par av. *θritya-*, v. p. *çitīya-*. On partira de **θr̥tiya-* (cf. skr. *tr̥tī́ya-* pour le vocalisme), le *θ-* initial, provenant soit de l'influence du cardinal **θri-*, soit d'une contamination entre l'ancien **θr̥tiya-* et un **θritiya-* qui aurait tendu à se développer, comme dans le groupe méridional, sous l'influence du cardinal. Dès lors le traitement spécial du mot « troisième » se rattache aux particularités signalées ci-dessus à propos de la prothèse devant les syllabes initiales du type *cons.* + *r̥* + *cons.* (§ 47). C'est **θr̥tiya-* qui a donné *°*θr̥tiy-*, *'čšt-* et *'št-*.

60. De tout ce qui vient d'être dit, il résulte que la prothèse est un procédé relativement ancien en sogdien, en ce sens qu'il est tombé en désuétude au cours de l'époque moyenne, peut-être même dès ses débuts En outre il n'a pas fonctionné de la même façon, ni sans doute à la même date devant toutes les initiales, ainsi qu'il est facile de l'expliquer ; l'examen du développement de l'*r̥* donnera l'occasion de faire ressortir quelques particularités (cf. § 47 et 52). Il reste, il est vrai, impossible de déterminer exactement à quelle époque remonte l'usage de la prothèse : le fait que « troisième » s'est dit *°*θr̥tiya-* puis *°*čštiy-* et *°*šti-* ne prouve pas une très haute antiquité, car le passage de **θr* intérieur à **t*ˢ et à *š* en sogdien n'est pas des plus anciens. Ceci s'accorderait avec le fait signalé ci-dessus (§ 58) à propos de la prothèse devant monosyllabes, qui est postérieure à la chute de *i-* et *u-*. L'évolution de *-θr-* devenant *-š-* est dialectale, et si l'exemple de l'ordinal pour « troisième » nous permet de dire que la prothèse est ancienne *en sogdien*, il ne nous permet pas de remonter à une époque antédialectale. Le cas de *'rk* « œuvre, tâche », sogd. syr. *'rq*, yagnobi *ark* ne mène pas plus loin. Cette forme remonte sans doute à un ancien **kr̥ + voyelle*, d'où **ᵒkr-*, **ᵃkr* et finalement **ark ;* car il faut pour expliquer la métathèse admettre qu'il y a eu à un moment donné un contact immédiat entre *k* et *r*, et l'hypothèse d'un ancien *r̥* en première syllabe ramène aux cas de **'θr̥t-* et de *'kr̥t-* : on aboutit ainsi à un petit groupement systématique et intelligible de faits analogues. Mais là non plus il n'y a rien d'antédialectal.

61. Tous les faits de prothèse étudiés jusqu'ici ont leurs correspondants les plus clairs en scythique même et plus spécialement en ossète, le dialecte le plus occidental du groupe. En ossète même, c'est le parler occidental qui présente le plus de ressemblances avec le sogdien. On y retrouve, conservée jusqu'à aujourd'hui la prothèse qui a tendu à disparaître en sogdien dès le moyen-âge. De même que dans les listes de mots sogdiens **ᵃxš-* n'alterne pas avec **xᵒš-*, l'ossète oriental, où pourtant le domaine de la prothèse a été très diminué, conserve une prothèse devant le groupe *-xs-*, ancien **xš-*, pers. *š-*. Devant les groupes initiaux **xš-* (oss. *-xs-*), **fr-* (oss. *-rf-*), **θr-* (oss. *-rt-*), **šk-* et **sk-* (oss. *-sk'-*), **sp-* (oss. *-fs-*), **st-* (oss. *-st-*) et les autres analogues, on rencontre un *a* bref, et l'on peut supposer à bon droit que tel a été aussi le timbre de la voyelle de prothèse en sogdien. C'est d'ailleurs celui que présentent à date ancienne les autres dialectes iraniens eux aussi.

62. Mais, par la suite, le timbre de la prothèse s'est altéré et nuancé. Lorsqu'elle a été remplacée par l'insertion, on a vu des voyelles intercalaires diverses se substituer à l'ancienne voyelle initiale monotone ; en sogdien, comme dans tous les dialectes iraniens, le timbre de la voyelle d'insertion a été déterminé par son entourage consonantique et vocalique. Les documents dont on dispose pour le sogdien du moyen-âge ne renseignent assurément pas sur tous les points, mais ils fournissent quelques indications fort nettes. Ils permettent de reconnaître, par exemple, que le timbre de la voyelle d'insertion est le plus souvent conforme à celui qu'atteste le yagnobi, sauf des altérations secondaires dont il n'est pas impossible de rendre compte. Il s'agit généralement d'un *i* bref, surtout après *s*, *š*, *z*, *ž*, *f*, *β*. Le timbre vélaire de la voyelle d'insertion dans des mots yagnobis tels que *sŭxā̆y*, *pŭxā̆y* est simplement la trace dernière du *-w-* disparu de la syllabe radicale : cf. sogd. **-xwāy-* et oss. *xwayun* « frapper ». De même yagn. *žŭwā̆rt* doit l'*-ŭ-* de la première syllabe à l'influence librement exercée du *-w-* de *-wart*, le mot entier étant en quelque sorte « vélaire » et articulé en arrière ; il s'oppose d'ailleurs par là-même à la forme causative (à métaphonie palatale) *žĭwīrt*. L'influence de *r* + *u* sur le timbre de la voyelle intercalaire est beaucoup plus ancienne et se retrouve sans doute dès le sogdien, ainsi dans yagn. *d^{u}ruγ* (emprunt ?), sogd. *δ^{u}ruγ^{u}m-*. Mais on sait que l'*r* est un phonème très mobile qui adopte plus aisément qu'un autre la nuance des voyelles environnantes et s'en pénètre.

63. La diversité de timbre des voyelles d'insertion a réagi sur les voyelles de prothèse, parce que la prothèse et l'insertion ont coexisté longtemps et que pendant un certain temps les éléments préfixés ont alterné avec les phonèmes intercalés. Les premiers ont été sentis comme identiques aux seconds, sauf la place, et leur sont devenus pareils. Pour prendre un exemple en persan, on a eu d'abord *asfánd* « herbe sacrée, rue » de *spánta-* ; mais du jour où est apparu *sifánd* de **sfánd*, où ***asfánd*** et ***sifánd*** ont alterné et ont été perçus comme identiques, sauf pour le timbre de la voyelle furtive préposée ou insérée, on a fait ***isfánd***. C'est ainsi que les scribes sogdiens faisaient alterner dans leur langage journalier **žiβắk* « langue » (cf. yagnobi ***zivăk***) avec **ižβák* et non **ažβắk* ; la graphie restait d'ailleurs la même. Dans des cas de ce genre j'ai noté la prothèse par ^{o} et non par ^{a}.

64. Il convient, pour terminer, de signaler le cas tout particulier des mots tels que *'my* et *'šw*. Ni l'un ni l'autre ne comportent de prothèse bien qu'ils alternent, le premier avec *-my*, le second avec *-šw*, *-šy*. Ce sont là des variantes purement orthographiques des pronoms enclitiques sogdiens qui correspondent à pers. *-am*, *aš*, par exemple. Lorsque ces enclitiques sont joints dans l'écriture aux mots sur lesquels ils s'appuient en fait, leur voyelle radicale qui est un *a* bref, n'est naturellement pas notée ; on a ainsi *rtymy*, *rtyšw*, c'est-à-dire **rát^{y}amĭ* et **rátamĭ*, **rat^{y}ašə* et *rátašə*, de façon générale. Mais il arrive que ces pronoms soient séparés de leur soutien et écrits comme des mots indépendants et autonomes ; alors leur voyelle radicale est forcément notée et l'on a *'my* soit **amĭ* pour la première, *'šw* soit **ašə* pour la troisième personne du singulier.

Le cas est sensiblement pareil pour les affixes verbaux *'skwn* (sogd. syr. *-sq*) et *'štn* (yagn. *-išt*). Leurs voyelles initiales, maintenues dans l'écriture parce que ces deux enclitiques étaient notés séparément, étaient déjà devenues en fait des brèves intérieures : *'skwn* se lisait sans doute **-$^{(u)}$suk^{wo}n* et *'štn* **-$^{(i)}$š^{i}t^{o}n*.

CHAPITRE III.

Les voyelles.

L'-*a*- bref.

65. L'*a* bref iranien est normalement conservé sous l'accent ainsi qu'il ressort de très nombreux exemples. Il n'est généralement pas noté dans l'écriture, sauf à l'initiale où sa présence est indiquée au moyen de l'ālaph '. Exemples : *''βr-* * *āβár-* « apporter » ; *'δδβγ* **āδδ°βáγ* « Dieu suprême » ; *''δprm* **āδf'rám* « tout à fait » ; *''γt* **āγát* « venu » ; *''γδ-* **āγáδ-* « souhait » ; *''krt-* **ākárt-* « glaive » ; sans doute aussi *''mt'yč* **āmátīč* « de façon réelle » ; *''p''βr-* **āpāβár-* « hydropique » ; *''ys-* **āyás-* « aller » ; *''ytw* **āyátə* « reçu » ; *''zβr-* **āz°βár-* « avide » ; *'βč'npδ* **aβčāmbáδ* « monde » ; *'βtmw* **áβtumə* « septième » ; *'γšpyh* *ᵃ*xšápē* « nuit » (de même pour *'γšph*) ; *'γšy-* *ᵃ*xšáy-* « qui ronge » ; *'γwšh* *ᵃ*xwáš*ᵃ « mère du mari » ; *'krny* **akᵃrán* « illimité » ; *'krtw* *°*kártə* « distinction, coupure » ; *'ks-* *°*kás-* « petit, menu » ; *'nčn* **ánčᵃn* « recourbé » ; *'nγδ-* **anγáδ-* « blesser » ; *'nγr* **anxár* « l'étoile fixe, le moment » ; *'nγt-* **anγát-* « proche, venu avec » ; *'nγrks-* **anxarkás-* « astrologue » ; *'nγz-* **anxáž-* « se lever » ; *'npt* **anpát* « il tombe » ; *'nškr-* **anš'kár* « ramasser » ; *'nšpr-* *°*n'špár-* « poser le pied » ; *'ntr-* **ántᵃr-* « intérieur » ; *'ntyw* **andáyə* « banni » ; *'pčty* *°*páčtī* « il cuit » ; *'prt-* *ᵃ*párt-* « rendu coupable » ; *'prtm-* *°*frátum-* « premier » ; *'ps'* *°*pásᵃ* « mouton » ; *'pškr-* **apš'kár-* « rejeter » ; *'pšty-* **apš'táy-* « quitter » ; *'škr-* *°*škár-* « mener » ;

*'spn- *aspán-* « fer » ; *'spry- *°spáry-* « jaillir, fleurir, briller » ; *'štmy *áštum-* « huitième » ; *'wyn- *ōyán-* « frapper » ; *'wpt *ōpát* « il tombe » ; *'yzty *°yáz°tī* « il adore ».

Du radical *βy *βáy-* « donner en abondance » sont tirés le part. pass. *βytw *βáxtə* ; *βy *βáy* « diuus, seigneur » avec le vocatif *βy' *βayā̆* et son superlatif *βytm*, ancien **βayatama-*, qui ne doit pas être accentué **βayátama* (d'où **β^a^yátum*), mais qui doit être lu **βáy^a^tum*, parce que la disparition de la voyelle à la jonction des thèmes radicaux et des suffixes du type de celui du superlatif a été généralisée comme à la jonction des seconds éléments de composés. On a encore *βyšty *βáxš°tī* « il fait don » du radical *βyš- *βaxš-* « faire don » ; *βnt *βánt* « ils sont » ; *βnt *βánd* « prisonnier » ; *βntk *βándak* « esclave, serviteur » ; *βr- *βár-* « porter » dans, par exemple, *βrt, βrty *βár°t(ī)* « il porte » ; *βstk *βástak* « malade » ; *βsty βást-* « attacher, fixer » ; *βwδβrn* « porte-parfums » soit *βōδ°βár°n* dont la finale se retrouve sans doute dans arm. *burvaṙ* (-*ṙ* = *-*rn* ; cf. cependant Hübschmann, *Arm. Gr.*, I, p. 122) ; *βznw *βáz°nə* « remords, faute » ; *čβ-* « voler » p. ex. dans *čβty *čáβ°tī* « il vole » ; *čnn *čánn* « de » (sogd. syr. *čn*) ; *čntr *čánt^a^r* « dedans » ; *čšm' *čášm^a^* « œil » ; *čšn' čášn^a^* « soif » ; *δβz' *δ^i^βáz^a^* « faim » ; *θβr- *θ^i^βár-* « donner » (ainsi dans *δβrty *θ^i^βártī* « il donne ») ; *δβrw *δ^i^βárə* « porte » ; *δyšth *δáxšt^a^* « désert » ; *δnn *δánn* « avec » ; *δnt'yt *δánt(ēt)* « dents » ; *δryty *δ^i^ráxte* « fixé » ; *δs' *δás^a^* « dix » ; *δtw *δátə* « fauve » ; *δyn''βrt *δēnāβár°t* « religieux (pl.) » ; *γ'wzn *γāwáz°n* « cerf » ; *γčy *xáči* « est » ; *γnt *xánt* « sont » ; *γnzw *γánzə* « trésor » ; *γr' *xár^a^* « âne » ; *γr', γrw *γár^a^ *γárə* « montagne » ; *γrβ- *γráβ-* « prendre, saisir » (p. ex. dans *γrβty *γráβ°tī* « il saisit ») ; *γrmy *γárme* « chaud » ; *γwβnw *xwáβ°nə* « sommeil » ; *γwn- *xwán-* « proclamer », ainsi dans *γwṇy* « il proclama », soit **xwán-* ; *γwpw *xwápə* « bien fait » ; *γwr- *xwár-* « manger » (p. ex. dans *γwrty *xwártī* « il mange ») ; *γwr *xwár* « soleil » ;

γwrt **xwárt* « nourriture, repas » ; *γwrtβrčh* **xwartβár°č^a^* « nourricier » ; *γwtč, γwty* **xwát°č* **xwáte* « soi-même » ; *γwtm-t* **xwátum-t* « famille, proches » ; *kβny* **káβ°n-* « peu » ; *kβšh* **káβš^a^* « botte » ; *kβt'* **káβt^a^* « fendu » ; *kδ* **káδ* « si, quand » ; *knδy* **kánθe* « ville » ; *knpy* **kámbe* « peu » ; *knt'* **kánt^a^* « creusé » ; *kp'* **káp^a^* « poisson » ; *krn* **kárn* « sourd » ; *krt* **kart* « couteau » ; *mδy* **máδe* « ici » ; *mγzy* **máγz-* « moëlle » ; *mn'* **mán^a^* « me, moi » ; *mnγz* **manxáž* « lève-toi » ; *mrγh* **márγ^a^* « forêt » ; *mrt* **márt* « homme » ; *ms* **más* « puis » ; *nrm* **nárm* « soumission » ; *nwkr* **nōkár* « là-dessus » ; *nypδty* **nipáδ°tĭ* « il couche » ; *nyrth* **nērát^a^* « impotent ».

Enfin, d'autres exemples sont : *p'r'γz* **parāxáž* « subtil, sublime » ; *p'zn* **pāzán* « esprit » ; *pčwn-* **pačwán-* « manifester », ainsi à la 3e sg. prés. *pčwnty* **pačwántĭ* « il manifeste » ; *pδkw* **paθákə* « largeur » ; *pδkh* **páδ^a^k^a^* « faute » ; *pnč* **pánč* « cinq » ; *pnčmy* **pánčum-* « cinquième » ; *pnth* **pánt^a^* « proche » ; *pntr* **pánt^a^r* « plus proche » ; *pr* **pár* « sur, à » ; *pr''γt* **f'rāγát* « parti » ; *pr'γst* **f'rāγást* « passe » ; *prβrt* **farβárt* « écarte » ; *prčh* **f'ráč^a^* « en avant » ; *prγšnh* **f'ráxšn^a^* « propos » ; *prm* **f'rám* « en avant » ; *prn* **pár^a^n* « mieux » ; *prnr* **pár°nar* « mieux, meilleur » ; *prtmw* **f'rátum* « premier » ; *prtr* **f'rát^a^r* « prior » ; *psw* **pásə* « mouton » ; *ptγrβty* **patγráβ°tĭ* « il saisit » ; *ptγwrk'* *patxwárk^a^* « foncé, coloré » ; *ptšknpy* **patš'kámbe* « larmier » ; *ptwrw* **patwárə* « rémunération » ; *rδδy* **ráδδ-* « étendart » ; *rm* **rám* « avec » ; *ršt* **rášt* « juste, droit « ; *rt(y)* **rát(ĭ)* « et » ; *sn'* **sán^a^* « se leva » ; *snk'* **sáng^a^* « pierre » ; *srw* **sárə* « tête » ; *srδ* **sárδ* « année » ; *srt* **sárt* « froid » ; *šδ* **šáδ* « nuque » ; *tčn* **táč^a^n* « coulant » ; *tmw* **támə* « enfer » ; *tšy* **táš-* « découpage » ; *w'nγδ* **wānxáδ* « descendit » ; *w'γz* **wāxáž* « descendit » ; *wδwh* **wáδu* « épouse » ; *wkry* **wikár-* « membre, sorte » ; *wn'* **wán^a^* « il fit » ; *wrky* **wárak-* « feuille » ; *wrs* **wárs* « chevelure » ; *wrtn* **wárt^a^n* « char » ; *wrz* **wárž* « créa » ; *wsn* **wás°n* « à cause de » ; *wytr* **wĭtár* « s'en fut » ; *zn'* **zánª* « mit au monde ».

66. On observe la même conservation d'un *a* bref ancien à l'initiale des monosyllabes *'βt* **áβt* « sept », *'sp-* **ásp* « cheval », *'zt'* **ázdª* « connu », *'rδ* **árᵒθ* « moulin », *'sty* **astĭ* « il y a, il existe » ; *'št* **ášt* « huit », *'t* **át* « et », *-'y* **-áy* suffixe de vocatif, *'wy* **áwĭ* « à ». D'autre part il est malaisé de discerner si le pronom *'w* « ce, cette, il, elle » doit être lu **áu* ou **ō* ; le yagnobi a *au*, et rien n'oblige à admettre que le monosyllabe *'w* a été traité comme le *'w-* initial issu de **awi-* ou de **awa-* (cf. v. irl. *dau* « deux » de **dwōw*, p. ex.). Si la diphtongue a vraiment été maintenue, la forme *w'n'kw* « de cette sorte là » est à *'w*, ce que *mwn'kw* « de cette sorte ci » est à *'mw*.

Un mot qui offre un traitement intéressant est *'ny* « autre » qu'il faut lire **anĭ* (ou mieux peut-être **an'*) avec aussi un *a-* conservé à l'initiale d'un monosyllabe. Mais cet *a-* atteste en plus que le mot « autre » n'était pas un mot autonome ni intense ; en effet, il n'a pas subi de métaphonie du fait du *y* suivant, qui a été maintenu : outre *'ny,* on ne rencontre que les graphies *'nyw* **anyə* et *'ny'* **anyª*. C'est-à-dire que l'on a eu, sans accent sur l'initiale, **any* de **anya-* et non, avec accent, *ḗn* de **ánya-* ; v. § 35 et 56. Cf. yagn. *ani* en face de oss. *innä*.

67. Dans un certain nombre de cas l'*-ă-* ancien conservé est noté à l'intérieur des mots par ', c'est-à-dire de la même façon que l'ancien *-ā-*. La raison de cette notation ambigue est évidente : il s'agit de cas où il a paru nécessaire aux scribes sogdiens de préciser leurs graphies et d'indiquer soit la place de la voyelle, soit aussi son timbre. Pour cela leur écriture ne mettait à leur disposition que précisément le seul *ālaph*. On rencontre de même des exemples de ' servant, toujours à cause de la pénurie de l'alphabet, à noter moins que des *-ă-*, de simples éléments vocaliques furtifs comme les dialectes iraniens en insèrent dans les groupes de consonnes, même intervocaliques.

Pour l'-*a*- bref, on a *''y'βtč* **āyáβt°č* « impudique » ; *''y'npt* **āyámb°t* « futuit » ; *'nβ'st* **amβást* « attelé » ; *'ny'stk* **an°yást°k* « piqué » ; *'ny'št* **anxášt* « levé » ; *'nyr'mt* **anyrámt* « calomnié » ; *'np'st* **anpást* « tombé » ; *'ns'rty* **ansárt-* « froid » ; *'pt'rt* *°ptár°t* « châtre » ; *'pw'rt* **apwárt* « se détourne » ; *'sk'nty* **°skánd-* « estropié » ; *'wp'st* **ōpást* « tombé » ; *β'n* **βán* « long » ; *δβ'r* **δ'βár* « porte » ; *m'nt* **mánt* « ces » ; *n'y'n* *'náx°n* « ongle » ; *nβ'nt* **niβánt* « de compagnie » ; *nk'npt* **nikámb°t* « il renfonce » ; *zw'rt-* **z'wárt-* « retourner » ; *prδ'ytč* **faiθáxt°č* « étendu » ; *prw'st* **farwást* « devenu » ; *prw'rt* **farwárt* « rouleau, sūtra » ; *š'ntt* **šánt* « ces » ; *y'ntt* **yánt* « ces ».

68. Un petit nombre des exemples précédents ont, à côté d'eux, des formes exactement correspondantes où l'-*ă*- n'est pas noté ; la valeur de l'*ālaph* est ainsi confirmée pour ceux-là. Pour d'autres, elle est donnée par l'étymologie ; en tout cas, il est facile de voir que l'*a* bref intérieur accentué (et non-accentué, ainsi qu'on le verra plus bas) est noté de préférence devant les sifflantes sourdes, devant la sonante *r* et surtout devant les nasales *m* et *n*. L'emploi de l'*ālaph* comme *mater lectionis* dans ces positions n'est pas fortuit. Dans le *Journal of the Royal Asiatic Society* de Londres (1912, p. 635 et s.), j'ai eu l'occasion de montrer comment le signe ' apparaissait dans le voisinage des sonantes, avec la valeur -*ă*-, pour des raisons de clarté quand il s'agissait d'un texte étranger transcrit. Il est évident d'autre part que tout groupe composé d'une occlusive et d'une sifflante ou d'un *r* autorise a priori deux lectures : **-ts-* par exemple peut être lu **-tas-* ou *-tsa-* ; il peut y avoir intérêt dans des cas pareils à marquer, au moyen d'un ', la place de la voyelle. La raison des graphies en -*'n*- est moins évidente. En dehors des exemples cités où il semble bien que -*'n*- doive être lu **-an-* (resp. **-am-*), il faut citer deux cas importants et troubles : celui des troisièmes personnes du pluriel en *-'nt* et celui des morphèmes de participes et d'adjectifs en *-'nt* aussi. On ne traitera pas ici des finales verbales qui relèvent avant tout de la morphologie et dont la lecture est rendue incertaine par suite de l'intervention possible d'actions analogiques. La terminaison nominale en *-'nt* figurera parmi les exemples de *-ā-*, ainsi que les cas douteux, naturels avec un système d'écriture aussi peu précis et dans les conditions où nous est attesté le sogdien.

69. En étudiant les phénomènes propres à l'initiale, on a pu constater sans peine et au moyen d'exemples probants que l'*a* bref, placé immédiatement avant la syllabe accentuée tombait normalement (§ 43, 44). C'est à ce phénomène qu'est due en particulier la réduction du préverbe **awa* à **aw-* et à *ō-* (noté *'w*), celle de *apa-* à **ap-* (écrit *'p-*), celle de **ana-* à **an-* (noté *'n-*) et de **ama* à **am*, puis **an* (notés l'un et l'autre *'n-*) ; c'est au même fait qu'est due la disparition de la voyelle de jonction entre les termes des noms composés, disparition généralisée d'après le grand nombre de cas où elle était régulière et conforme au sentiment que les sujets parlants avaient de la forme des mots isolés : *γwrtβrč* « qui porte nourriture » **xwartβár°č* était anciennement **xwàrtaβárač* et c'est phonétiquement qu'il a abouti à l'état **xwartβár°č* ; *γnzβr-* « trésorier » est, sous la forme, **γanzβár-* l'aboutissant régulier du **γànzaβár-* dont l'équivalent exact a existé, sans doute, dans tous les dialectes iraniens et en particulier dans celui du Nord de la Perse. Et que l'on ne dise pas que ces restitutions font violence à l'écriture sogdienne ; que l'on pourrait lire **xwartaβár°č, yanzaβár°t* par exemple. Il n'y avait plus rien entre les éléments des composés dans la langue de nos documents, car, lorsque le premier mot finit par la consonne par laquelle commence le second, ou par une consonne sensiblement pareille, on ne note qu'une seule lettre pour les deux. En effet, on n'écrit de doubles lettres en sogdien que là où les deux consonnes à noter sont séparées par quelque voyelle, auquel cas il ne s'agit pas de gémination d'une consonne. On ne fait exception à cette règle que lorsqu'il s'agit d'un remplissage purement graphique à la fin d'une ligne, ou de mots empruntés (pour le double *δ*, voir plus bas). On a ainsi

βrzw'n'y « qui a longue vie » de *βrz* + *zw'n'y* **βarz* + *ž^i wānī*.
δrzy'wr « cœur » de *δrz* + *zy'wr* **δirz* + *ž^i yāw^a r* (cf. *J. R. A. S.*, 1912, p. 640-1)
knδβrty « portes de ville » de *knδ* + *δβrty* **kanθ* + *δ^i βárt-*.

70. Dans d'autres cas la chute de l'*a* bref est moins manifeste, et l'on est tenté de parler de réduction plutôt que disparition : tel est le cas de mots comme *'βn'y* « long », *'βr'y* « qui porte », *'ptγw'r* « dévorant », *'zγ'nt* « héraut, messager », (cf. § 44) ou *'ptry*. Il est douteux que dans des mots de ce type on ait jamais eu *°βní*, *°βrí*, etc., et nous avons préféré écrire jusqu'ici **°β^a ní*, **β^a rí* etc. ; d'autant que l'on a des formes telles que *'ks'*, *'ps'*, *'prw* (cf. § 45, 46) et que l'on retrouvait certainement toujours **βan* dans **β^a ní*. On a d'ailleurs vu combien peu de formes du type en question ont prêté à prothèse, c'est-à-dire, en d'autres termes, ont pu être considérées comme présentant des groupes initiaux. On en a trouvé cinq en tout. Et leur formation même secondaire s'explique fort bien si l'on songe qu'à un moment donné il y a eu comme une alternance régulière entre les initiales à voyelle réduite insérée **β^a r-* et à prothèse du même timbre que l'insertion, **^a βr-* (cf. § 63).

Le sentiment de la forme des mots s'opposant ainsi à l'action de la loi phonétique, on dirait presque que l'*a* bref prétonique a été réduit, mais qu'il n'a pas été aboli lorsque sa présence empêchait la formation de groupes de consonnes anomaux,

Ainsi dans *-βr'k* **-β^{a}rā́k* « qui porte » (second terme de composé) ; *-βr'n* **-β^{a}rā́n* « qui porte » (second terme de composé) ; *čk''t* **č^{a}kā́t* « front » ; *kr'k* **k^{a}rā́k* « qui fait » *βγ'ny* **β^{a}γā́ne* « divins » (cas obl.) ; *βγn'k* **β^{a}γā́nā́k* « divin » ; *čš''yt* **č^{a}šā́y^{o}t* « il boit » ; *čš'nt* **č^{a}šā́nt* « boisson » ; *-kn'k* **-k^{a}nā́k* « qui creuse » ; *γδ'wny* **γ^{a}δū́n-* « vol » ; *kr'n'y* **k^{a}rā́n-* « qui fait » ; *kt''m*, *kt'm* **k^{a}tā́m* « lequel » ; *kt'k* **k^{a}tā́k* « maison » ; *kt'r* **k^{a}tār* « lequel, soit, ou bien » ; *mntγrβ''ky'* **mantγr^{a}βākí* « inintelligence » ; *mz'yγk'* **m^{a}zė̄xh^{a}* « grand » ; *nγr''yt* **niγ^{a}rāy^{o}t* « il célèbre » ; *nm'čyw* **n^{a}mā́čyə* « hommage » ; *pr'yk* **p^{a}rík* « fée » ; *sr'k* **s^{a}rā́k* « compagnon » ; *š'ykn'yk* *šēk^{a}ník* « palatial » ; *šδ'k* **š^{a}δā́k* « nuque » ; *trw'k* **t^{a}rwā́k* « jeune » ; *tm'yγ* **t^{a}mē̄x* « infernal » ; *tn'wr* **t^{a}nū́r* « four » ; *wn'kh* **w^{a}nā́k^{a}* « arbre » ; *zn'k* **z^{a}nā́k* « joue » ; *zn'k* **z^{a}nā́k* « science ».

On voit que parmi toutes ces formes, il en est peu qui soient isolées et que le sentiment linguistique ne rattache à un radical connu comme dérivées à un titre quelconque. L'amuissement de l'atone est pourtant réel et il a laissé des traces dès que les conditions ont été favorables. Lorsque l'analogie et le sentiment de la cohérence des formes ont cédé, la débilité de la voyelle inaccentuée l'a abandonnée aux variations de timbre ; et l'on a ainsi en yagnobi en face de **δ^{a}ntā́k*, *dindag*, en face de **n^{a}māčyə*, *nimdč* et *numdč* ; le timbre *-i-*, *-u-* des inaccentuées est ici tout à fait caractéristique.

71. Il est tout un groupe de mots qui ne figurent pas dans la liste que l'on vient de voir, et qui, pourtant, y ont leur place marquée : ce sont les formes verbales personnelles accentuées sur la désinence. Comme *wn'kh* **w^{a}nā́k^{a}* « arbre » dérivé de *wny* **wán-* « arbre », on devrait y trouver *βr'nt* **β^{a}ránt* « ils portent » qui alterne avec *βrty* **βártĭ* « il porte » ; *γrβ'nt* **γr^{a}βánt* « ils saisissent » qui alterne avec *γrβty* **γráβ^{o}tĭ* « il saisit », et d'autres pareils. Mais on voit de suite combien l'énumération de ces formes serait dénuée d'intérêt ici ; sa place est dans la morphologie du verbe, puisqu'il est clair que l'affaiblissement de l'*a* bref radical ne saurait être d'aucune conséquence grave dans un système aussi régularisé, et du moment qu'il est bien entendu que la voyelle radicale -*ă*- est pleine sous l'accent, diminuée lorsqu'elle se trouve placée avant l'accent.

72. Plus net encore que dans le cas précédent est le maintien apparent de l'*a* bref placé devant l'accent lorsque sa disparition eût entraîné la déformation d'un mot courant et la naissance d'un groupe de plus de deux consonnes. Il est même impossible lorsque ces deux conditions sont jointes de préciser jusqu'à quel point l'*a* est diminué. C'est ainsi que l'on a : *'ntr'ykw* **anturīkə* « de l'intérieur (اندرون), eunuque » ; *'pyštr'yck'* **°pēštarīč^{a}* « qui est derrière » ; *'spn'yn'k*, *'spn'ynč*, **°spanēnāk*, *°spanḗnč* « de fer » ; *'stkyn'y* **^{a}stā́kḗne* « d'os » ; *nyšyr* **naxšī́r* « animal sauvage, gibier » ; *čtβ'r* **čatβā́r* « quatre » ; *pnt'yk* **pantī́k* « proche » ; *ršty'k* **raštiyā́k* « droit » ; *srčyk* **sarčī́k* « premier » ; *srδ'kw* **sarδā́kə* « annuel » ; *wnt'k* **wantā́k* « arbre » ; *wrs'k* **warsā́k* « chevelu ».

Des groupes analogues, formés de plus de deux consonnes, se retrouvent au point de jonction des deux éléments d'un certain nombre de composés. On a vu, en effet, que l'*a* bref a régulièrement disparu dans cette position (§ 69), d'autant que le sentiment linguistique et le système entier de la langue tendaient ici à la suppression de l'-*a*- bref inaccentué, contrairement à ce qui s'est passé à l'intérieur proprement dit. Aussi ces mots ne seront-ils pas examinés ici, mais en même temps que la question de la résolution des groupes consonantiques et de l'introduction de voyelles d'appui furtives.

73. Il est beaucoup plus malaisé de déterminer si l'*a* bref inaccentué a été maintenu ou non, sous une forme même très diminuée, là où sa disparition aurait donné naissance à une syllabe formée d'une diphtongue ultra-longue. On *peut* admettre, sans trop choquer, que l'*ă* serait tombé et renvoyer pour l'étude de ces syllabes ultra-longues aux paragraphes traitant des voyelles furtives d'origine secondaire. Mais, d'après ce qui se passe dans les groupes consonantiques, il n'est pas invraisemblable non plus qu'il y a eu maintien de l'ancienne voyelle dans une certaine mesure.

On doit donç, sans doute, lire entre autres : **āwᵃzăk* pour *''wz'k* « insecte volant » ; **ᵃxšēwᵃnăk* pour *'γšywn'k* « régnant ».

74. Placé immédiatement après l'accent, l'*a* bref s'est amui aussi bien que s'il se trouvait devant. Il a été remplacé ensuite soit par un *ă*, soit par un autre élément vocalique bref chaque fois que le groupe de consonnes nouvellement formé l'exigeait. Un exemple caractéristique et qui permet de se faire une idée exacte des faits est fourni par la troisième personne du singulier du présent des verbes ; on y trouve, en effet, immédiatement après la syllabe accentuée la voyelle thématique brève *-*a*- et la désinence *-*ti*. Le schème est *voyelle* + *consonne* + *ati*, où, d'après la loi d'accentuation déjà vue (cf. § 40) la *voyelle* est forcément accentuée ; aussi a-t-on eu d'abord comme résultat *voyelle* + *consonne* + *t*(*ĭ*), puis selon les cas *voyelle* + *consonne* + *t*(*ĭ*), *voyelle* + *semi-consonne* + *t*(*ĭ*), ou enfin *voyelle* + *consonne* + ᵒ*t*(*ĭ*). C'est ce qu'illustrent les types suivants :

1° *'npt* « il tombe ». Le verbe avait la forme **pátati*, d'où avec chute de la finale et de l'*a* bref posttonique **pátt*, correctement orthographié -*pt* en sogdien où il n'y a pas normalement de doubles consonnes. Ce type rend manifeste la disparition réelle de l'*a* bref, dans les conditions données.

2° *βrty* « il porte » ; ancien **βárati*, d'où **βártĭ*, avec tout au plus l'élément vocalique le plus furtif inséré entre -*r*- et -*tĭ*, si toutefois il y en avait un. Dans *''yst* « il va » de **āγása-ti*, il y avait sans doute contact immédiat entre -*s*- et -*t*, et on doit lire **āγást*.

3° *γrβty* « il saisit » ; ancien **γráβati*, et plus tard sans doute **γ'ráβ°tĭ*, car les deux consonnes finales gardent leur caractère propre.

4° *δ'rt* « il tient, il a ». Quoique la syllabe formée après la chute de l'*a* bref posttonique soit ultra-longue (**-ār-t*), il n'y a pas lieu d'admettre une différence sensible d'avec le type *βrty* (n° 2°), ainsi qu'on le voit par l'exemple suivant.

5° *prw'yrt* « il fait détourner, il convertit », soit **farwērt* du radical **farwērt* + *t*. Cf. *'npt*. Ici, comme dans le cas de *δ'rt*, la syllabe ultra-longue est finale et peut, par conséquent, subsister sans inconvénient.

6° *''y'wzt* « il agite, trouble », soit **āyōz°t*. Pas de différence perceptible avec *γrβty*. Cf. le participe passé *''y'wšt* « tourmenté », où le contact du *-t* et de la consonne précédente est ancien et a été toujours immédiat.

75. Ces exemples, très faciles à reconnaître, très nets, présentent un inconvénient : ils répondent à des types morphologiques, appartiennent à des systèmes et sont suspects d'avoir été régularisés ou refaits. Ainsi l'exemple *prw'yrt* ne représente pas, en fait, la forme actuelle d'un mot qui aurait existé tel quel à date ancienne : c'est une formation nouvelle, et analogique, c'est purement et simplement le thème verbal sogdien *prw'yrt*, plus la désinence de troisième personne du singulier *-t(ĭ)* du présent *sogdien*.

En fait les divers aspects de la question sont bien rendus cependant, et les traitements particuliers ne paraissent pas avoir été effacés, autant qu'on pourrait le craindre. En voici une preuve. La troisième personne du singulier du thème **sāč-* « arranger, disposer, convenir » est employée comme impersonnel et **sāč°t* signifie « il convient, il faut » ; dans cette fonction **sāč°t* a tendu naturellement à prendre une forme plus courte. Il est devenu un terme courant du langage journalier et a tendu à se séparer de l'ensemble du verbe ; du coup il est devenu, plus tôt que les autres formes verbales pareilles, **sāčt* sans rien plus entre *sāč-* et *-t*. Dès lors le groupe *-čt* a fait difficulté : **-tšt*, car c'est de cet ensemble qu'il s'agit, est, en général, difficile à articuler, surtout de façon rapide ; il est exposé à une dissimilation facile à prévoir et à devenir *-št*. C'est ce qui s'est produit dans **sāčt* que des textes un peu cursifs comme le Sūtra de Dīrghanakha écrivent de préférence *s'št* dans le sens de « il faut, il convient ».

76. On ne reviendra pas ici sur les formes verbales dont il a été traité suffisamment et que l'on retrouvera à propos de la flexion verbale. Mais il est d'autres catégories morphologiques, nominales celles-là, qu'il y a avantage à considérer d'ensemble : ce sont d'abord les suffixes en **-(a)k* et en **-(a)č* et ensuite les comparatifs et les superlatifs.

Les deux premiers de ces suffixes se trouvent dans une position un peu spéciale pour celui qui considère l'iranien à travers le persan. Sans parler de **-(a)č*, on sait que **-(a)k* a joué un rôle considérable dans la formation nominale du persan moderne comme élargissement *accentué* : en effet, ainsi que l'on sait, les noms persans en *-á* représentent des cas obliques et **-ákahya* a donné *-áke* (pehlvi ﻙ-) et *-a*. Le sogdien a généralisé la forme du nominatif, et un nom en **ˊakă* y est devenu, par application d'ailleurs de la même loi exactement que celle qui a joué en persan, **ˊak* et *ˊ-k*.

L'évolution est la même pour les comparatifs et pour les superlatifs, d'accord cette fois avec le persan, ainsi qu'il ressort de l'examen des noms de nombre ordinaux et du mot isolé *ăfdum* « dernier » ; cf. § 36 à 38.

Le nombre des dérivés en **-ak-* et en **-ač-* attestés dans nos documents est très grand ; en outre **-ak-* et **-ač-* alternent entre eux librement, et les substantifs, comme les participes ont presque à volonté à côté de leur forme « courte », une forme « longue », élargie au moyen de **-ak-* ou de **-ač-*. D'une façon générale, on doit admettre qu'il y a eu insertion, entre la consonne qui termine la forme « courte » et le -*k* ou le -*č* final, d'un élément vocalique très bref qui sera désigné ici par °. En effet, ces deux élargissements sont restés distincts des mots auxquels ils se sont ajoutés ; leur valeur suffixale est demeurée vivante en sogdien et certaines formes se sont perpétuées jusqu'aujourd'hui dans le dialecte de la vallée du Yagnob. En somme le traitement de ces suffixes est tout pareil à celui de la désinence verbale de troisième personne du singulier en -*t*(ĭ), tel qu'on vient de le voir (§ 74) ; eux aussi n'ont probablement été précédés d'aucun élément intercalaire lorsqu'ils se trouvaient placés derrière une sonante ou une spirante.

Voici d'abord des participes passés à « forme longue » secondaire et accentués normalement : *''y'βtč* **āyáβt°č* « prostituée, adonnée à l'amour » ; *''z'rtk* **āzárt°k* « chagriné » ; *'krtk* **ᵃkárt°k* « fait » ; *'krtč* **ᵃkárt°č* « fait » ; *'nβ'stk* **ᵃnβást°k* « attelé » ; *'nβr'γtk* **ᵃnβráxt°k* « estropié » ; *'nγ'stk* **ᵃnγást°k* « piqué » ; *'nγtk* **ᵃnγat°k* « advenu, proche » (cf. *'nγtčh* **ᵃnγát(°)čᵃ*) ; *'prtk* **ᵃpárt°k* « qui a commis » ; *'wswγtk* **ōsúxt°k* « pur » ; *mwrtk* **múrt°k* « mort » ; *ptm'wγtk* **patmúxt°k* « revêtu » ; *pts'γtč* **ptsā́xt°č* « arrangé, disposé » ; *z'tk* **zā́t°k* « né, fils ».

A ces participes il faut joindre des substantifs et adjectifs élargis de la même manière, par exemple : *''z'tč* **āzā́t°č* « libre, noble » ; *'sp'ytk* **°spḗt°k* « blanc » ; *'sprγk'* **°spárγ(°)kᵃ* « brillant » ; *'stkw* **ást°kə* « os » (cf. yagnobi *sitäk* avec un déplacement d'accent) ; *βntk* **βánd°k* « esclave, serviteur » (cf. pehlvi بندک et pers. بنده *bändä* de **bandákahya*) ; *βwt'ntk* **βōdā́nt°k* ; *čytk* **čēt°k* « génie » ; *γwtč* **xwát°č* « soi-même » ; *kr'n'kč* **kᵃrānā́k°č* « qui fait » ; *m'n'ntk* **mānā́nt°k* « ressemblant » ; *mrγ'wntk* **maryúnd°k* « à boules, muni de boules » ; *p'tk* **pā́t°k* « qui garde » ; *prnγwntk* **farn°γōnt°k* « glorieux, précieux » ; *pwstk* **pṓst°k* « volume, sūtra » ; *ytkw* **yētkə* « pont ».

77. En revanche on peut lire **ᵃpsḗnkᵃ* pour *'ps'ynk'* « bleuâtre », *^{a}*pšā̆ṅk*^{o}*t-* pour *'pš'nkty* « liens, filets » **źáṅk*^{a} pour *znk'* « espèce, sorte » avec assimilation de la nasale à la gutturale suivante ; *-*βárč* pour *-βrč* « qui porte » et *patxwárk*^{a} pour *ptγwrk'* « foncé » avec *-č* ou *-k* après la liquide *-r-* ; °*spár*°*xk*^{a} pour *'spryk'* « brillant » (cf. § 76), **páθk*^{a} pour *pδk'* « péché, faute », avec assimilation de la sonore finale de **sparγ-* et de **paδ-* à la sourde suivante ; et enfin **mēxk* pour *myγk* « pieu, pal » **mazēxk*^{a} pour *mz'yγk'* « grand » avec contact immédiat entre la spirante et l'occlusive du même ordre et également sourdes. L'usage fréquent de la graphie *-k'*, précisément dans ce type de mots, vient à l'appui de cette hypothèse, comme on le verra aux passages consacrés à l'étude des finales.

78. La voyelle insérée dans les mots du type examiné ci-dessus a dû avoir un timbre proche de celui de l'*a* bref : c'est dans ce sens qu'elle s'est développée, lorsqu'un déplacement d'accent en a provoqué le maintien : ainsi dans yagnobi *sitäk* « os ». Ailleurs elle a entièrement disparu ; cf. yagn. *ītk* « pont », confirmant ainsi ce qui est dit plus haut de la place de l'accent.

Sans doute est-ce un élément de même nuance qui figurait devant l'*r* du suffixe du comparatif dans les mots : *'pyštrw* *°*pēšt*^{a}*rə* « plus en arrière » cf. *pyštrw* ; *'βy'tr* et *βy''tr*, *°*βyā̆t*^{a}*r* et **β*^{i}*yā̆t*^{a}*r* « plus loin » ; *pntr* **pánt*^{a}*r* « plus proche ».

Au contraire c'est d'une voyelle d'insertion de timbre vélaire qu'il s'agit, sans doute, ainsi qu'on l'a vu (§ 36-8) dans les finales de superlatifs, d'ordinaux (qui sont les mêmes au fond) et en général dans le morphème *-*ama*-. On a ainsi : *'prtmy* *°*frát*^{u}*m* « en premier » et de même *prtmw* **f*^{i}*rát*^{u}*mə* « premier » ; *pnčmy* **pánč*^{u}*m* « cinquième » ; *'štmy* **ášt*^{u}*m-* « huitième » ; puis *prytm* **f*^{i}*rīt*^{u}*m* « le plus cher » et *βytm* **βáyt*^{u}*m* (cf. § 69). D'autre part, enfin, *'sp'rym'y* *°*spáry*^{u}*m-* « fleur » ; *γwtmt* **xwát*^{u}*mt* « la famille, les siens ».

79. Partout ailleurs il semble que le timbre de la voyelle d'insertion se soit rapproché de celui de l'*a* bref, sans qu'il soit possible d'ailleurs de serrer les choses de plus près. On a *''prywn* **āf'ríwᵃn* « bénédiction » ; *''tr* **ātᵃr* « feu » ; *'nčn* **ánčᵃn* « courbé » ; *βr'trt* **β'rā́tᵃr-t* « frères » ; *č'δr-* **čā́δᵃr-* « dessous » ; *čntr* **čántᵃr* « dedans » ; *čwpr* **čúpᵃr* « dessus » ; *γwystr* **xwḗštᵃr* « maître » ; *γypδ* **xēpᵃθ* « de soi-même » ; *n'γ'n* **nā́xᵃn* « ongle », avec voyelle d'insertion *notée* ; *rβny* **rā́βᵃn-* « malade » ; *tčn* **táčᵃn* « coulant, fluide » ; *y'wr* **yāwᵃr* « fois » ; *z'wr* **zāwᵃr* « force ». Ces lectures sont assez sûres ; mais il n'en faut pas conclure qu'il faille aussi lire **frᵃštárᵃnᵃ* pour *prštrnh* « tapis, couverture » ; comme il a été dit au § 77, il est probable qu'il est plus exact de lire **frᵃštárnᵃ*. De même *š'yknh* est sans doute pour **šēknᵃ* « palais, résidence ».

L'-ā- long.

80. L'*ā* long se maintient normalement sous l'accent. Il est noté à l'initiale par un double *ālaph*, à l'intérieur par un *ālaph* simple et quelquefois par un double ; rarement il n'est pas noté, p. ex. devant sonantes. On a : *''βr'γs't* **āβrā́xsᵒt* « lubrique » ; *''γ'r* **āγā́r* « pas » ; *''γ'y* **āγā́y-* « souiller, futuere » ; *''γ'z-* **āxā́z-* « commencer » ; *''k'* **ā́kᵃ* « à rebours, mal » ; *''n'y-* **ānā́y-* « amener » (?) ; *''ph* **ā́pᵃ* « eau » ; *''p'y* **āpā́y-* « préférer, protéger » ; *''r'k* **ārā́k* « fou » ; *''tr* **ā́tᵃr* « feu » ; *''yh* **ā́yᵃ* « âge » ; *''y'm* **āyā́m* « fin » ; *''z'rtk* **āzā́rtᵒk* « chagriné, ennuyé » ; *''z'tč* **āzā́tᵒč* « noble » ; *''z'y-* **āzā́y-* « naître, mettre au monde » ; *'βš'm* **ᵃβšā́m* « envoi, conduite »; *'βš'y-* **ᵃβšā́y* « descendre » ; *'βy'tr* **ᵒβyā́tᵃr* « plus loin » cf. *βy''tr* ; *'βz''w* **ᵃβzā́w-* « ajouter en versant » ; *'γš'y-* **ᵒxšyā́y-* « commander, être maître » ; *'γšn'm* **ᵒxš'nā́m* « pardon » ; *'myδ'ny* **ᵒmēδā́ne* « au milieu ». Cf. *myδ'ny* **mēδā́ne* ; *'myδry* **ᵒmēδā́re* cf. Maδyāra ; *'nδ'wt* **anδā́wᵒt* « il enduit » ; *'nγw'y* **anxwā́y-* « enfreindre, briser » ; *'ns''č-*, *'ns'č-* **ansā́č-* « joindre, disposer » ; *'ns'γt-* **ansắxt-* « joint, disposé » ; *'nw'nh* **anwắn^a* « compagnon » ; *'pδ'ty* **^apδắte* « injustement » ; *'pγ'rš* **^apγắrš* « qui a peur » cf. *pγ'rš* « faire reculer » ; *'pγw'y-* **^apxwắy-* « trancher » ; *'pz'rn* **^apzắr^an* « regret » cf. *pz'rn* ; *'pstnh* **^aps^itắn^a* « répugnance » ; *'pš'nkty* **^opšắnk-t-* « liens, filets » cf. *pš'nk* ; *'ptγw'r* **^op^atxwắr* « dévorant » ; *'rw'n* **^orwắn* « âme » ; *'skw'z* **^os^uk^uwāz* « séjournait » ; *'sp's* **^ospās* « respect, attention » ; *'st'rs* **^ostắr^os* « charrue » ; *'wst'y-* *ōs^itắy-* « établir, enseigner » ; *'wt'k* **ōtắk* « établissement, localité » ; *'wzy'n* **ōzyắn* « sacrifice » ; *'ywt'č* **ēw^otắč* « isolé » ; *'ywst''γ* **ēw^ostắx* « isolé » ; *'zβ''k* **^ožβắk* « langue ». Cf. *zβ''k* **ž^iβắk* ; *'zrw'* **z^arwắ* « Brahma » ; *'zw'n* **^ožwắn* « vie ». Cf. *zw'n* **ž^iwắn*.

Viennent encore *β'δ* **βắδ* « soit » ; *β'r* **βắr* « poids, charge » ; *β'r'w* **βắr-* « monté » ; *βγ'ny* *β^aγắne* « dieux » cas obl. pl. ; *βγ'* **βáγ-ắ* avec particule du vocatif ; *βγyst'n* **βayistắn* « séjour des dieux » ; *βr'γš-* **f^irắxš-* « tirer » ; *βr''k*, *βr'k* **f^irắk* « au matin » ; *βr''s*, *βr's* **f^irắs* « châtiment, punition » ; *βr'γ'z-* **f^irāxắz-* « commencer » ; *βr'n* **f^irān* « souffle ; » *βr'trt* **β^irāt^art* « frères » ; *βrγ'z* **farxắz* « préhension » ; *βrγ'w* **farγắw* « richesses » ; *βrγw'y-* **farxwắy-* « couper en morceaux » ; *βwδstny* **βōδ^istắne* « au parc » ; *č'β* **čắβ* « quantum » ; *č't* **čắt* « puits » ; *čk''t* **č^akắt* « front » ; *čr'γ* **č^irắγ* « lampe » ; *čš''y-* **č^ašắy-* « boire » ; *čštw'n* **čašt^uwắn* « pauvre » ; *čtβ'r* **č^atβắr* « quatre » ; *δ'mw*, *δ'm* **δắm(ə)* « créature » ; *δ'r-* **δắr-* « avoir, tenir » ; *δ'yh* **δắy^a* « esclave femme » ; *δβ'r* **θ^iβắr* « don » ; *δβ'ty* *θ^iβắtĭ* « ensuite » ; *δr'wnp'δ'* **δ^urūn^opắθ^a* « tir à l'arc » ; *δštw'n* **δušt^uwắn* « miséreux » ; *δynδ'r* **δēn^aδắr* « religieux » ; *δywδ't* **δēw^oδắt* « créature des démons » ; *γ'γ* **xắx* « source » ; *γ'r-* **γắr-* « veiller » ; *γ'w* **γắw* « bœuf, bétail » ; *γr'm* **x^irắm* « viens » ; *γr''n*, *γr'nh* **γ^irắn* « lourd, enceinte » ; *γw'nh* **γ^uwắn^a* « tort, péché » ; *γwt'w* **xwatắw* « roi » ; *k'δy* **kắδ-* « très » ; *k'm-* **kắm-*

« aimer » ; *m'δ* **mā́θ* « ainsi » ; *m'γ* **mā́x* « lune, mois » ; *m'γw* **mā́xo* « nous » ; *m'n* **mā́n* « esprit » ; *m'th* **mā́tᵃ* « mère » ; *mnč'y-* **mančā́y-* « cesser » (?) ; *n'β* **nā́β* « peuple » ; *n'm* **nā́m* « nom » ; *n'w* **nā́w* « bateau » ; *nyr''y-* **niyᵃrā́y-* « célébrer » ; *nm'čy* *nm'čyw* **nᵃmā́čyə* « hommage » ; *ny''k* **nⁱyā́k* « grand-père » ; *ny''m-* **nⁱyā́m-* « receler » ; *nyz'r* **nēzā́r* « sans pitié » ; *nyz''wr*, *nyz'wr* **nēzā́wᵃr* « débile ».

Enfin il faut citer *p'δh* **pā́δᵃ* « pied » ; *p'δr* **pāθᵃr* « protection » ; *p'š* **pā́š* « attention, garde » ; *p'tk* **pā́tᵒk* « qui garde » ; *p'y-* **pā́y-* « garder, protéger » ; *pčβ'nt* **pačβā́nt* « réponse, réplique » ; *pčγ'z* **pačxāz-* « recevoir, accepter » ; *pčw'z* **pačwā́z* « contrariant » ; *pr''δ'nčy* **fⁱrāδā́nč-* « vente », cf. *pr''δn* ; *pr'γ'z-* *fⁱrāxā́z-* « commencer » ; *pr'm'y-* **fⁱrāmā́y-* « ordonner » ; *pr'n'y-* **fⁱrānā́y-* « projeter » (?) ; *pr'ž'k* **fⁱrāžā́k* « être nuisible » ; *prβ'r* **farβā́r* « pavillon » ; *prγ'm* **farγā́m* « attente » ; *prγ'w* **farγā́w* « richesses » ; *prk'š* **farkā́š* « expiation » ; *prm'nh* **farmā́nᵃ* « ordre » ; *prw''č-* **farwā́č-* « dénigrer » ; *prw''k* **farwā́k* « dénigrement » ; *prw'y-* **parwā́y-* « enrouler » ; *ptγ'm* **patγā́m* « message » ; *ptγw'y-* **patxwā́y-* « détruire, tuer » ; *ptšm'r* **patšⁱmā́r* « nombre » ; *pyδ'r* **pēδā́r* « à cause de » ; *pylp'y* **pīlᵒpā́y* « garde-éléphant » ; *r'β* **rā́β* « malade » ; *r'δw* **rā́θə* « route, chemin » ; *r't* **rā́t* « lamentation, pleur » ; *r'y-* **rā́y-* « pleurer » ; *r'z'y* **rā́z-* « secret » ; *rw'n* **rᵘwā́n* « âme » ; *s'č-* **sā́č-* « accommoder, convenir » ; *sγw'y-* **sⁱxwā́y-* « détacher, enlever », cf. *syγw'y-* ; *sm''δn* **sⁱmā́δᵘn* « qui a bonne odeur » ; *sn'm* **sⁱnā́m* « bain » ; *sn'y-* **sⁱnā́y-* « baigner, laver » cf. *syn'y-* ; *sp's* **sⁱpā́s* « respect, attention, service » ; *š't* **šā́t* « satisfait, content » ; *š'w* **šā́w* « noir » ; *šβ'r* **šⁱβā́r* « honte » ; *šm'γw* **šⁱmā́xo* « vous » ; *šm''r-*, *šm'r-* **šⁱmā́r-* « songer, computer, compter » cf. *šym'r* ; *t'yh* **tā́yᵃ* « voleur » ; *w'β-* **wā́β-* « dire » ; *w'γšh* **wā́xšᵃ* « voix » ; *w'r* **wā́r* « pluie » ; *w'r-* **wā́r-* « pleuvoir » ; *w'tδ'r* **wātᵒδā́r* « être vivant » ; *wm't* **wimāt* « était » ; *wy''k*

**w'yăk* « région, place » ; *y'n* **yăn* « faveur, grâce » ; *y'r* **yăr* « ami, appui » ; *y't* **yăt* « chair » ; *y'wr* **yăwᵃr* « fois » ; *yw'r* **yᵃwăr* « mais » ; *yyδyn* pour **yyγδn*, **yēxᵒδăn* « glacier » ; *z'k* **zăk* « enfant, rejeton » ; *z'r* **zăr* « poison » ; *z'ry* **zăr-* « pitié » ; *z't* **zăt* « naissance » ; *z'wr* **zăwᵃr* « force » ; *z'yh* **zăyᵃ* « terre, sol ».

Il convient d'ajouter ici des *-ă-* secondaires qui se sont développés devant des sonantes ; il est conforme à une tendance phonétique générale que des voyelles placées devant des sonantes tendent à s'augmenter aux dépens de l'élément vocalique que celles-ci contiennent. On a ainsi : *kt''m kt'm* **kᵃtăm* « lequel » (skr. *katamá-*) ; *kt'r* **kᵃtăr* « lequel (de deux), ou bien » (skr. *katará-*) ; *kyr'n* **kirăn* « bord, direction ».

81. La liste qui précède ne comprend pas trois catégories de mots dont la liste rentre dans la morphologie, celle des mots terminés en *-'k*, c'est-à-dire *-ăk*, celle des noms en *-'n* ou *-ăn* et enfin celle des formes participiales ou pseudo-participiales en *-'nt* (ou *-ănt*). Les deux premiers morphèmes sont bien connus : *-'k* équivaut à l'ossète *-ág* et au persan *-ă* de *garmă*, par exemple, pehlv. *garmăk* ; *-'n* répond à l'ossète *-on* et au persan *-ān* de *davān* « qui court » (cf. Hübschmann, *Z. D. M. G.*, p. 322 et s., p. 330 et s.). Le troisième surprend par la longueur de sa voyelle ; mais quelle que soit la quantité de celle-ci, elle est régulièrement notée par '.

En revanche, on a pu voir que les noms en *-stăn* et en *-δăn* n'ont souvent pas de voyelle notée avant l'*-n* finale. Nous ne les avons cependant pas écartés de notre liste. On sait, en effet, que la quantité d'une voyelle placée devant une sonante est particulièrement difficile à déterminer et il a été possible d'établir que les finales en *-ān* et en *-an* diffèrent en persan comme le faisaient les diphtongues dites longues et brèves en indo-européen : la longueur de l'ensemble ne varie pas en persan, la durée relative de la voyelle et de la sonante suivante est seule différente (cf. Gauthiot, *La Parole*, 1900, n° 3). Sans doute y a-t-il eu là une circonstance favorable à l'introduction d'une graphie abrégée en sogdien, pour des finales connues et en quelque sorte classées.

82. Par suite même de l'application de la loi d'accentuation (§ 31), il ne saurait se trouver d'ā long après la syllabe accentuée ; mais il peut fort bien y en avoir devant. Dans ce cas la question qui se pose est de savoir si l'ā est diminué. Le témoignage des graphies est clair : un ā long en dépression d'accent n'est ni supprimé, ni réduit à l'état de brève. Tout au plus pourrait-on supposer qu'il est légèrement abrégé, si l'on considère que dans quelques cas rares on observe une alternance entre la graphie pleine de la longue par *ālaph* sous l'accent et l'absence de toute notation quand l'intensité est transportée d'une syllabe vers la fin du mot. Mais la règle reste en somme tout à fait nette : l'ā long inaccentué ou frappé d'un ancien accent secondaire reste intact. Les exemples sont d'abord les formes à préfixe ''- ou *-ā- : *''β'yr- *āβḗr-* « faire apporter » ; *''βr- *āβár-* « apporter » ; *''βr'γs- *āβ'rā́xs-* « être en chaleur » ; *''δ'kw *āδaku* « quelqu'un » ; *''δ'yč *āδḗč* « (un) prêt » ; *''δčw *āδaču* « quelque chose, n'importe quoi » ; *''δδβγ *ādβáγ* « le Dieu Suprême » ; *''δprmh *āδ*^{o}*frám*^{a} « jusqu'au bout » ; *''γt *āγát* « venu » ; *''γ'r *āγā́r* « un pas » ; *''γ'y- *āγā́y-* « souiller, futuere » ; *''γ'yr- *āγḗr-* « faire faire des pas » ; *''γ'z- *āxā́z-* « commencer » ; *''γδ'kw *āgaδā́ke* « souhait » ; *''γδ'w *āγaδ-* « souhait » cf. *''γδy* ; *''k'čy *ākā́č-* « à rebours » ; *''krt'k *ākartā́k* « glaive » ; *''kwγ/y *āk*^{o}*wíxt-* « avalambana » ; *''n'y- *ānā́y-* « amener » ; *''p'y- *āpā́y-* « protéger, favoriser » ; *''prs- *āpárs-* « prendre congé » ; *''γwyr *āxwḗr* « mangeoire » ; *''pryn- *āf*^{o}*rín-* « bénir » ; *''prywn *āf*^{o}*ríw*^{a}*n* « bénédiction » ; *''wz'k *āw*^{a}*zā́k* « insecte irritant » ; *''y'βtč *āyáβt*^{o}*č* « dévergondée, prostituée » ; *''y'm *āyā́m* « fin » ; *''y'np- *āyámb-* « souiller, futuere » ; *''y'wšt *āyṓšt*

« tourmenté » ; *''ywz *āyṓz* « tourment » et « tourmenter » ; *''ys- *āyás-* « aller vers » ; *''ytw *āyátə* « reçu » ; *''z'rt- *āzārt-* « chagriné » ; *''z'tč *āzā́t^{o}č* « noble » ; *''z'wn *āžūn* « forme d'existence » ; *''z'y- *āzāy-* « naître » ; *''z'yr- *āzēr-* « faire se chagriner ».

Toutes ces formes prouvent amplement que l'*ā* long initial n'est soumis à aucune diminution, aucun affaiblissement ; encore moins est-il sujet à disparaître. On le trouve encore au début des mots suivants, en position inaccentuée : *''r'k *ārā́k* « fou » ; *''s'wk' *āsū́k^{a}* « gazelle » ; *''zβr'kw *āz^{o}β^{a}rā́kə* « avide ».

83. Les autres exemples concernent tous l'intérieur. Ce sont par exemple : *'βš'm'k *^{a}βšāmā́k* « qui prend congé » ; *'krt'nsδ *^{o}k^{a}rtāns^{o}δ* « vous êtes faits (devenus) ; *'ns'č''y *ansā-čā́y* « qui joint » ; *'ns'γt'kw *ansāxtā́kə* « joint, disposé » ; *'nw'n'k *anwānā́k* « suite, assemblée » ; *'nz'nwkh *^{a}nzānū́k^{a}* « à genoux » ; *'pw'δ'k *^{a}pwāδā́k* « qui frappe » ; *'sp's'kw *^{o}spāsā́kə* « serviteur » ; *'sp's'ykt *^{o}spāsīk^{o}t* « serviteurs » ; *'st'r'k *^{o}stārā́k* « péché » ; *'wt''kčykt *ōtāk^{o}čík^{o}t* « des localités, des établissements » ; *β'r'kčyk *βārāk^{o}čīk* « de selle, de somme » ; *β'rβr'k *βār^{o}β^{a}rā́k* « chargé » ; *βγ'n'yk *β^{a}γāník* « divin » ; *βγyst'nčykt βaγ^{i}stānčīk^{o}t* « des séjours des dieux » ; *p'š'k *pāšā́k* « garde » ; *βr''mč *f^{i}rāmōč* « arracher les vêtements » ; *βr'γ'z- *f^{i}rāxā́z-* « commencer » ; *βrzw'n'y *βar-ž^{i}wāní* « qui a longue vie » ; *βwδ'nt'kw *βōδāntā́kə* « parfumé » ; *č'δrčyk *čāδ^{a}rčík* « inférieur » ; *č'γwn'k *čāγōnā́k* « de quelle sorte » ; *čtβ'rmyk *čatβār^{o}mīk* « quatrième » ; *δ'm'yγtyh *δāmēxt-* « des créatures » ; *δ'rwkp'δy *δārūk^{o}pā́δ-* « sabots de bois » ; *δ'rwky *δārū́k-* « bois » ; *δ't'kčh *δātā́kč^{a}* « justice, loi, règle » ; *δ't'yk *δātík* « conforme aux règles » ; *δ'tkn'k *δāt^{o}k^{a}nā́k* « perceur de murs » ; *δβ'r'k *θ^{i}βārā́k* « qui fait le don » ; *δγm's'k *δ^{u}ruγmāsā́k* « grand par le mensonge » ; *δγw'nk'r'k *δ^{u}ruγ^{w}ānkārā́k* « qui pratique le mensonge » ; *δyβp'δ'kw *δ^{i}βipāδā́kə* « bipèdes » ; *δyn''βrt *δēnāβā́rt* « religieux ».

On a de même *γ'δuk'* **yāθū́k*^{a} « trône » ; *γ'γ'čkt* **xāxāčík*^{o}*t* « des sources » ; *γ'm'kw* **xāmā́kə* « cru » ; *γ'n'kh* **xānā́k*^{a} « maison » ; *γ'wzn* **yāwáz*^{o}*n* « cerf » ; *γr'm'k* **γʿrāmā́k* « richesses » ; *γw'nčyk* **γ*^{u}*wān*^{o}*čík* « qui a trait au péché » ; *γw'r'k* **xwārā́k* « mangeur » ; *γwt'wy'kh* **xwatāwʿyā́k*^{a} « royauté » ; *γwt'wzt'kw* **xwatāw*^{o}*zātā́kə* « devaputraḥ » ; *k'n'k* **kānā́k* « hutte, chambre » ; *k'r'k* **kārā́k* « qui fait » ; *k't'kw* **kātā́kə* « hutte » ; *kδ'r'k* **k*^{a}*δārā́k* « présent, actuel » ; *kr'n'kč* **k*^{a}*rānā́k*^{o}*č* « qui fait » ; *m'n'k* **mānā́k* « qui a l'esprit » ; *m'n'ntk* **mānā́nt*^{o}*k* « pareil » ; *m'r'kr'k* **mārk*^{a}*rā́k* « sorcier » ; de même *m'rkr'y* ; *m's'k* **māsā́k* « vieux » ; *murzkzw'n'k* **murz*^{o}*kžʿwānā́k* « qui a la vie courte » ; *n'βč'n'y* *nāβ*^{o}*čā́n-* « frontière, séparation du peuple » ; *n'βčy'kh* **nāβ*^{o}*čʿyā́k*^{a} « étranger, séparé du peuple » ; *n'γ'r* **nāγār* « qui ne marche pas » ; *n'r'kh* **nārā́k*^{a} « grenade » ; *ny'm'k* **nʿyāmā́k* « qui recèle ».

Enfin on peut citer *pr''δ'nčy* **fʿrāδān*^{o}*č-*, *pr''δn* **fʿrāδā́n* « vente » ; *pr''γt* *fʿrāγát* « parti » ; *pr''šy* **fʿrāšḗ* « envoya » ; *pr'č'k* **fʿrāčā́k* « expiation » ; *pr'γ'z-* **fʿrāxā́z-* « commencer » ; *pr'm'y-* **fʿrāmāy-* « commander » ; *pr'n'y-* **fʿrānā́y-* « projeter » ; *pr'z'k* **fʿrāžā́k* « ètre nuisible » ; *prn'ny'n* **parnānʿyā́n* « ailé » ; *pry'w'k* *fʿrīyāwā́k* « qui aime » ; *ptγw'n'kw* **patxwānā́kə* « qui tue » ; *ptm't'y* **patmātí* « qui mesure » ; *pwny'nkt'k* **punyānk*^{a}*tā́k* « maison de mérite » ; *r'δpnt'k* **rāθ*^{o}*pantā́k* « proche des routes » ; *r'yr'y'n* **rāy*^{o}*rāyā́n* « pleurant à force » ; *šβ'rm'k* **šʿβār*^{o}*mā́k* « honte » ; *šm'r'k* **šʿmārā́k* « qui songe » ; *šw'm'k* **š*^{u}*wāmā́k* « qui va » ; *w'β''k* **wāβā́k* « qui dit » ; *w'rγn'y* **wārγ*^{a}*ní* « vautour, milan » ; *w'tδ'r* **wāt*^{o}*δā́r* « être vivant » ; *w'tγr* **wāt*^{o}*γir* « pavillon » ; *z'kδn'k* **zāk*^{o}*δānā́k* « utérus » ; *z'nwk'* **zānūk*^{a} « genou » ; *z'rβr'k* **zār*^{o}*β*^{a}*rā́k* « venimeux » ; *z'rkr'k* **zār*^{o}*k*^{a}*rā́k* « chanteur, acteur » ; *z't'kw* **zātā́kə* « fils » ; *z'wrkyn* **zāw*^{a}*rkḗn* « fort » ; *zw'n'k* **žʿwānā́k* « doué de vie » ; *zy''nkyn* **zyān*^{o}*kēn* « misérable » ; *zyrn'n'k* **zērnānā́k* « d'or ».

Il faut ajouter encore *t'r'k* « sombre, obscur » dont l'-*ā*- radical représente un ancien **tanh- *tą- *tā*. Cf. avest. *tą-θra-* et skr. *tamis-ra-*.

84. On voit qu'en somme le timbre de l'*ă* est bien conservé en sogdien partout où cette voyelle est maintenue et où l'intervention de l'accent ne s'est pas fait sentir.

Pourtant le sogdien connaît une *métaphonie*, qui, elle, n'est pas indépendante de l'accent : en sogdien, en effet, tout *a*, bref ou long, mais pourvu d'un accent principal ou secondaire (v. § 34 et s.) est devenu *ē* lorsqu'il s'est trouvé devant un *y* placé au début de la syllabe suivante. Et alors ce *y* lui-même a disparu.

La condition d'accent est indispensable. Naturellement, il est impossible de faire état d'exemples comme celui de *aβ-* qui est resté inaltéré dans *βy'yš'ntk* « bouillant » (écrit fautivement *'βy'š'ntk*) et issu de **àβ(i) + yēš-* « bouillir » ; ou comme *pty'm* « fin » de **pàt(i) + yāma- *pty'wzw* « trouble » de **pàt(i) + yauza-* qui n'ont donné ni **pètām*, ni **pètōz-* ; en effet, le rôle et l'indépendance de **aβ-* et **pat-*, de **yēš-*, **yām-* et **yōz-* étaient sentis assez vivement pour troubler le jeu d'une tendance phonétique, rompre l'unité de mots tels que **àβ + yēš-*, **pàt + yām-*, **pàt + yōz-*. Mais on a vu (§ 35) que le mot *'ny 'nyw* « autre » c'est-à-dire **anĭ *anyə* d'un ancien **anya-* n'est pas devenu **ēn*, parce qu'il était secondaire et inaccentué. On a d'autre part *γypδ* « de soi-même » soit **xēp°θ* de **xᵛaipaθya-* et non pas **xēpēθ*. Quant à *'myδry* **°mⁱδāre* et *'myδ'ny*, *myδ'ny* soit **°mⁱδāne*, **mⁱδāne* le yod de leur première syllabe ne représente pas un **ē*, mais sert à noter une voyelle d'insertion. Le mot **mēδ*, ancien **maδya-*, ne s'est pas encore rencontré.

D'ailleurs on trouve des formations nominales aussi claires que :

''γwyr **āxwēr* « mangeoire » qui dérive au moyen du suffixe

*-*aya*- du terme attesté par le persan *āxur*, pehlvi *āxʷar* « écurie » et par l'emprunt de l'arménien à l'iranien *axoṙ* ; la succession des formes a été à peu près **āxwáraya*-, **āxwárya*- **āxwēr*.

γw'yr, *γwyr* « soleil » qui doivent être lu **xwēr*, mot qui répond, non pas à un ancien **xwar*- (av. *hvar*-) comme le sogdien *γwr* **xwar* « soleil », le pehlvi *xʷar* et le persan *xor*, mais à **xwárya*-. Cf. l'alternance sanskrite *sū́raḥ* : *sū́ryaḥ*.

kyšp « tortue » est pour **kēšᵒp* et remonte à **káśyapa*-. En afghan où il n'y a pas de métaphonie on a *kášᵃp*.

nyrk c'est-à-dire **nērᵒk* est l'équivalent, sauf l'élargissement en **(a)k*, de av. *nairyō*, skr. *náryaḥ* « viril ». Il correspond exactement à l'ossète *näl*- qui, préfixé à des noms d'animaux, sert à indiquer le mâle ; en effet l'*a* bref est *ä* sous l'accent, sauf accident, et -*l*- représente -*ry*-. Telle est la doctrine, facile à vérifier dans certains dialectes scythiques, surtout du Nord et de l'Ouest, que m'a aimablement communiquée M. C. Andreas dès janvier 1911. Exemples caractéristiques : oss. *limän* de *(a)ryamana*- et *Alani* (en latin) de *aryana*-.

zyr- **zēr*- le radical qui est à la base des mots signifie « or » et « jaune ». On n'a pas en sogdien le simple **zar*- comme dans d'autres parlers iraniens, mais **zēr*-, d'un ancien **zarya*-, sauf en composition. En revanche c'est une forme en -*n*- qui sert à former le nom de l'or comme en persan (*zarr* de *zarna*-) par exemple et une autre en -*t*- qui constitue le mot pour « jaune » (pers. *zard*) : on a *zyrn* « or », *zyrnyn'k(w)*, *zyrnyn'y*, *zyrn'n'k*, *zyrnynčh* « d'or », mais *zyrt'k* « jaune » ; (cf. I. *zirta*). Une fois seulement on a *zyrn'k* (*V. J.*, l. 546) avec le sens de « jaune », à ce qu'il semble.

85. Aux noms qui précèdent il faut joindre sans doute les formes adverbiales **pēš* et **pēšt* qui figurent, la première dans *'pyšys'r* « vers en-arrière » ; *'pyštrw* « après », *'pystr'yčk'* « postérieur », la seconde sous la forme *pyšt* « après, mais » (sogd. syr. *pyšṭ*) ; elles semblent contenir l'iranien **pas* « après », en composition avec des éléments pronominaux (cf. v. p. *pasāva*). Si on maintient la comparaison séduisante entre sogd. *pyšt* et oss. *fästä* (Salemann, *Manichaica II*, s. v.), on serait tenté de songer à des formes anciennes telles que **pas-tya-* et **pas-ya-*.

Le mot qui signifie « en avant » vient tout naturellement se placer à côté de celui pour « en arrière » : le radical de *pyrnms'r* « vers en arrière » (sogd. syr. *pyrnms'*) est sans doute **pēr*, de **par-* suivi de quelque élément analogue à celui qui a altéré le timbre de **pas*. Mais il paraît difficile de serrer ces mots de plus près et d'affirmer davantage à leur sujet.

86. A côté des exemples nominaux sûrs que l'on vient de voir, se place tout naturellement la formation des causatifs en *-*aya-* dans la série verbale. Ainsi qu'on l'a déjà indiqué plus haut à propos de l'accentuation (§ 39, 40) à la première personne du singulier et à la troisième personne du pluriel, le radical en *-*ă*- des verbes, frappé de l'accent secondaire, présentait une altération de timbre caractéristique à la forme causative : il devenait **ē*. L'alternance **ă* : **ē* a été étendue en sogdien et s'est développée progressivement ; sous la forme *a* : *i* elle s'est perpétuée jusqu'en yagnobi où elle est encore vivante avec quelques nuances. On verra à propos du verbe comment elle s'est constituée en système ; ici, il suffira d'en présenter les origines phonétiques. Or, les exemples de métaphonie des thèmes verbaux sont dans nos documents :

''β'yr- **āβḗr-* « faire apporter » ; *βyr-* **βēr-* « faire avoir, obtenir » ; *prβ'yr-* **farβēr* « exposer », avec le causatif de *βr-* **βar-* « porter (sur soi) » ; **βàrayā̆mi* d'où **βērā̆m* « je fais porter ». Cf. skr. *bhārayati*.

''γ'yr- **āγḗr-* « faire marcher », causatif d'un verbe *γr-* **γar-* « cheminer » : **γàrayā̆mi*, **γērā̆m* « je fais marcher ».

''z'yr- **āzēr* « faire se chagriner », causatif de *''z'r-* « se chagriner, être ennuyé » ; **-zàrayā́mi*, **-zērā́m*.

δynč'k **θēnǰák* « celui qui arrache », participe de **θēnǰ-* « faire tirer », causatif de **θanǰ-* : **θànǰayā́mi*, **θēnǰā́m*. Cf. pers. *āhanǰīdan*.

γw'yr- **xwēr-* « faire manger », causatif de *γwr-*, *γw'r-* **xwar-* « manger » : **xwàrayā́mi*, **xwērā́m*. Cf. av. *xᵛāraya-*.

nyš'yδ- **nĭšēδ-* « planter, installer », causatif de **nĭšaδ-* « s'asseoir, s'installer » ; **nĭšàδayā́mi*, *nĭšēδā́m*. Cf. av. *nišā-δaya-*.

zyγ'yr *zγ'yr*, **zⁱγēr-* « faire appeller », causatif de *zγ'r-* **zⁱγăr-* « appeler » : **zγàrayā́mi*, **zγērā́m*.

pč'yγ'yz **pačēxēž* « se mit à genoux » causatif de *-γz-* **-xaž-* : **xàžayā́mi*, **xēžā́m*.

wyt'yr- **wĭtēr-* « faire partir », causatif de **wytr-* **wĭtár-* « s'en aller, voyager » : **wĭtàrayā́mi*, *wĭtērā́m*. Cf. skr. *tāráyati*.

šk'yr- **šⁱkēr-* « faire emmener », causatif de *škr* **šⁱkár* « chasser, emmener » : **škàrayā́mi*, **škērā́m*.

pt'ys'ynt **patēsēnd* « approuva, trouva bon », causatif de **sand-* « sembler, paraître tel » : **sàndayā́mi* **sēndā́m*. Cf. av. *səndaya-*.

prw'yrt- **parwērt-* « faire tourner, convertir », causatif de **-wart-* « tourner, se tourner » : **pariwàrtayā́mi*, **parwērtā́m*. Cf. skr. *vartaya-*.

m'yn- **mēn-* « attendre », causatif de **man-* « rester » : **mànayā́m* **mēnā́m*. Cf. v. p. *mānaya-*, av. *mąnaya-*.

87. De la grande majorité des exemples cités, et, en particulier de l'ensemble de ceux qui concernent le verbe, il résulte que la métaphonie sogdienne est un fait relativement récent, ou du moins un phénomène dont l'action s'est fait sentir jusqu'à une date relativement basse, puisqu'elle s'est exercée après que les *a* brefs inaccentués étaient tombés. En outre, et c'est une circonstance qui vaut qu'on la note, la plupart des cas de métaphonie attestent de façon sûre que la chute des *a* brefs inaccentués posttoniques a été réelle et complète. Tout ce que l'on a admis à ce sujet plus haut (§ 74 et 75 en particulier) se trouve entièrement confirmé par ce nouveau témoignage indirect.

88. Il importe de noter ici qu'il n'y a aucune raison d'admettre de métaphonie de l'*a* bref en *u* en sogdien ; là où l'on constate la présence d'un *u* au lieu de celle d'un *ă* attendu, il s'agit d'un phénomène tout différent. D'ailleurs le produit de l'altération d'un *a* bref sous l'influence d'un *u* ou d'un *w* de la syllabe suivante devrait être *ō* et non *u*, s'il s'agissait d'un phénomène analogue à la métaphonie que l'on vient d'étudier.

En fait, on se trouve en présence de voyelles d'insertion dont le timbre a été déterminé par l'entourage et qui ont succédé à des *a* brefs inaccentués et, par suite, abolis. Ce sont des voyelles de même type et de même origine que les *u* des finales d'ordinaux et de superlatifs en *-um* : ainsi dans l'enclitique *'skwn, skwn* c'est-à-dire *-suk^{u}n*, qui en sogdien syriaque est écrit *-sq* et est devenu un véritable morphème, ainsi qu'il ressort de l'étude du verbe. De même dans l'ensemble de la flexion du verbe *'skw'- *^{o}sk^{w}a-* (une fois noté *skw-* c'est-à-dire **suk^{w}a-*) qui signifie « séjourner, durer » et doit être rattaché à l'iranien **sak-* « passer (en parlant du temps) ». L'introduction de l'*-u-* est due à l'inaccentuation de la syllabe de l'ancien radical et à l'influence du *-k^w-* (ancien **-k-uw-* ?) sur la voyelle d'insertion ; en sogdien syriaque on lit *swq-*. Il est probable qu'à l'époque où ont été copiés les documents considérés ici on prononçait ainsi en sogdien de façon générale ; on écrira cependant **^{o}sk^{w}a-* et même **suk^{w}a-*, parce que l'orthographe sogdienne représente la tradition d'une époque plus ancienne ; mais les scribes du septième siècle lisaient sans doute **s^{u}ká-*.

Un cas pareil est probablement celui du mot pour « réponse, réplique » *ptškw'n* **patšᵘkʷā́n*. Le thème ancien de ce mot est sans doute **pati-šak*- d'un radical **sak*- pareil à celui que l'on retrouve dans le lituanien *sakýti* « parler » ; l'accent frappant l'élargissement qui était en *-*uwān*- ou en *°*wān*-, on a eu, au lieu de *patšak*-, **patšk*- et **patšuk*- sous l'influence de l'élément vélaire suivant.

L'-*i*- bref.

89. Il est naturel que l'*a* bref ou long joue le rôle le plus considérable dans le vocalisme du sogdien, comme d'ailleurs dans celui de n'importe quel dialecte iranien : la confusion en *ă* des *ă*, *ĕ* et *ŏ* indo-européens suffit à rendre compte du fait. L'*ĭ* et l'*ŭ* occupent une bien moindre place.

90. L'*i* bref s'est maintenu sous l'accent ; il est noté par -*y*- à l'intérieur, et à l'initiale par '*y*- tout comme le serait **ē*-. Souvent il n'est pas noté du tout à l'intérieur du mot.

On le trouve attesté ainsi dans : '*γšyβty* *°*xšíβt*- « lait » ; *βyč* **βíč* « médecin » ; *nyst'* **nístᵃ* « assis » ; *zyštw* **zíštə* à côté de *zšt'* **zíštᵃ* « haïssable ». Puis dans '*ym* **im* « je suis », '*yš* **iš* « tu es ». Sa présence n'est marquée par aucun signe graphique, mais assurée par comparaison dans ''*kwγty* **āk°wíxt*- « avalambana » ; *δβnw* **δⁱβínə* « deux (formant paire) » ; *δβtyw* **δⁱβítyə* et *δyβty* **δⁱβít*- « second » ; *špšh* **šⁱpíšᵃ* « poux ».

91. En position inaccentuée, soit immédiatement devant, soit immédiatement après la voyelle intense, l'*i* bref subit le même traitement que l'*a* bref. Il disparaît pour faire place, ou bien à une voyelle prothétique ou bien à une voyelle d'insertion, si rien ne vient s'opposer au libre jeu de la phonétique ; il peut au contraire apparaître comme maintenu, lorsque d'autres facteurs, plus forts que la règle phonétique, interviennent. On observe en somme au sujet de l'*i* bref la même lutte entre le sentiment de la persistance des formes et la tendance phonétique que l'on a vu déjà s'exercer à propos de l'*a* bref.

Ainsi l'*i* du préverbe *ni-* a été maintenu : on a *ny'wδn* **niyőδ^an* « vêtement » et *ny'wnt* **niyőnd-* « vêtir » à côté de *nyywnt-*. Et il s'agit bien d'un *i* bref puisque, par la suite, cette voyelle trop frêle a été altérée sous l'influence du vocalisme de la syllabe intense : on a en yagnobi *nŭyúnt-*. On a encore *ny'wš-* **niyőš-* « écouter » à côté de *nyy'wš-*, *nš'yδ-* **nišēδ-* « établir, planter » à côté de *nyš'yδ-*. A ces mots particulièrement instructifs par leurs doubles graphies attestées, viennent s'ajouter naturellement ceux qui sont de forme toute pareille et qui cependant ne nous sont parvenus que sous une seule forme, soit à *scriptio plena*, soit sans *mater lectionis* ; tels sont *nβ'nt*, **niβánt* « de compagnie, avec » ; *nyr''yt* **niy^arấy^ot* « il célèbre, chante » ; *nk'npt* **nikámb^ot* « il rentre en baissant, il rentre » ; *np'st'* **nipást^a* « tombé » ; *np'yδ-* **nipḗδ-* « faire coucher » ; *np'ysk'w* **nipēsấkə* « qui écrit » ; *np'st'ny* **nipastấn-* « tombé ». Au contraire la voyelle de **ni-* est notée dans *nypδ-* **nipáδ-* « se coucher » et aussi dans *nyδ-* **niδ-* « asseoir, poser ».

Ce dernier mot est dans une position particulière et l'*i* de *ni-* y était sans doute toujours noté. En yagnobi on a *nīd-* « être assis, siéger, demeurer » (cf. sogd. syr. *nyδ-*), c'est-à-dire que le préverbe est devenu la syllabe radicale. En effet, une forme sogdienne telle que **nĭδấm* est le représentant d'un ancien **ni-δa-δấmi*, exactement comme le persan *niham* (forme intermédiaire **nihahāmi* ; cf. Hübschmann, *Pers. St.*, p. 103 et 198). L'accentuation normale de **niδaδāmi* ou **nihahāmi* était *nìδaδấmi* et *nìhahấmi*, formes qui aboutissaient régulièrement à **niδδấm*, **niδấm* et à **nihhấm* après que les voyelles brèves prétoniques et finales étaient tombées. Une altération secondaire et générale a amené en persan le changement de **nihām* en *niham* نهم, mais les deux thèmes persan *nih-* et sogdien *nyδ-* se correspondent exactement.

Dans les formes telles que *ny''m* « récéler », *ny'm'k* « récéleur, recélant », l'écriture ne permet pas de distinguer s'il faut lire **niyām āk* ou **nyām-āk*.

Le seul exemple qui paraisse présenter la chute de l'*i* de **ni*- ou tout au moins sa réduction est *'nšpr*- *°*nšpár*- « poser les pieds ». Cf. sur ce point § 44.

92. Le cas du préverbe **wi*- est tout à fait comparable à celui de **ni*- : son *i*- bref a été maintenu et noté dans *wyr'yč*- **wirēč*- « verser, déverser » ; *wytr*- **witár*- « s'en aller » (causat. *wyt'yr*- **witēr*-). Il est tantôt écrit et tantôt non dans *wyš*- : *wyyš*- « se réjouir » c'est-à-dire **wiyuš*- (? cf. sogd. syr. *'wš*-). Enfin il n'apparaît pas comme noté dans les mots suivants, pour autant qu'ils se rencontrent dans les documents étudiés ici : *wy'rš*- **wiyárš*- « libérer » ; *wkr*- **wikár*- « sorte » ; *wp'rs* **wipárs* « différence, distinction ».

Certains composés récents ont pour premiers éléments des monosyllabes à *i* bref dont la voyelle est maintenue, ainsi qu'il est naturel, à la fois par le sentiment linguistique et par l'accent du mot dont l'individualité subsiste. Tel est le cas pour **δ'βí*- (écrit **δyβ*-) dans des mots comme *δyβp'δ'kw* **δ'βipāδā́kə* « bi-pède » et *δyβzβ''k* **δ'βiž'βā́k* « bi-lingue ».

93. D'autre part, il est impossible de faire état de voyelles thématiques servant d'éléments de jonction entre les termes des composés ; la graphie ne laisse rien reconnaître, et il est *possible* qu'à un moment donné la seule voyelle de jonction qui ait subsisté ait été l'*a* bref.

En revanche l'*i* bref de **aβi*- est régulièrement tombé devant l'accent dans *'βy'š*- (pour *'βy'yš*- ; cf. *βy'yš*-) *^{a}*βyēš*- « bouillir » ; *'βz''w*- *^{a}*βzāw*- « ajouter en versant » ; *'βs'ny* *^{a}*βsán°x* « lieue » (cf. *βs'ny*) ; *'βč'npδ* *^{a}*βčāmbáδ* « monde » (cf. *βč'npδ* et sogd. syr. *fčmβδ*) ; *'βš'm* *^{a}*βšām* (cf. sogd. syr. *fšm*) « envoi, conduite ». Ces deux derniers exemples sont particulièrement probants. Ils montrent de la façon la plus claire que la chute de l'*i* prétonique a été aussi complète, aussi réelle que celle de l'*a* bref placé dans les mêmes conditions ; sans cela, en effet, l'assimilation de la sonore *β* à la sifflante ou à la chuintante qui suivait eût été impossible et par suite, son passage à *f*, qui est établi par l'*f* du sogdien syriaque. Il faut ajouter encore : *'βš'wnp-* *ᵃβšômb-* « dépouiller » ; *'βš'y* **ᵃβšāy* « descendre ».

La même chute de l'*i* bref prétonique s'est produite à la finale du préverbe *api* dans *'pw'δ'k* **ᵃpwāδāk* « qui frappe » et *'ps'ynk'* **ᵃpsēṅkᵃ* « bleuâtre » (?). Il faut ajouter tous les mots, fort nombreux, qui commencent par *pt-* **pat-* de **pati-*. Parmi eux il convient de signaler *'ptγw'r* **ᵒpᵃtxwār* « dévorant » qui présente outre la chute attendue de l'*i* bref un affaiblissement de l'*a* de **pat-*. Cf. § 44. Mais surtout il faut ajouter les mots qui étaient formés avec l'ancien **patiš-* devenu **patš* et écrit **pač-* *pč-*. En effet cette graphie est très significative : elle montre que la chute de l'*i* bref inaccentué est ancienne et qu'au moment où s'est constituée l'orthographe sogdienne que nous connaissons par nos documents, le préfixe ancien **patiš-* était déjà dûment composé des éléments **p-*, **-a-* et **-č* pour le sentiment des sujets parlants. Ce *pč-* n'est jamais confondu avec *pt* + *š-* : on écrit sans faute *pčwn-* **pačwán-* de *pàtišwán-* « manifester » mais *ptšk'npw* **patškámbə* de **pàti-škámb-* « dhātu ».

Enfin, si la graphie n'apprend rien sur le sort de l'*i* prétonique de *čr'γ* **čirāγ* « lampe » (emprunt ?) le mot *zw'n* « vie » atteste que l'*i* prétonique tombait régulièrement, toutes conditions étant normales. En effet **žiwān* est devenu **ᵒžwān* et **žⁱwān*, ainsi qu'on l'a vu plus haut, § 44.

L'-ī- long.

94. L'ī long, accentué et inaccentué, s'est maintenu en sogdien. Il est écrit *'y* et *y*. On a d'abord sous l'accent : *''pryn-* *$\bar{a}f^{o}$rín-* « bénir » ; *''prywn* *$\bar{a}f^{o}$ríw^{a}n* « bénédiction » ; *γr'yn-* *x^{i}rín-* « acheter » ; *γr'yt* *x^{i}rít* « acheté » ; *γyr* *γír « tard » ; *pry* *f^{o}rí* « cher » (de même *prytm* *f^{o}rítum* « le plus aimé » ; *pt'yč* *patíč* «(au-)devant » ; *pyl* *pīl* « éléphant » (emprunt) ; *st'yr* *s^{i}tír* « stathère » (emprunt) ; *wyγ* *wíγ* « herbe » ; *wyrw* *wírə* « mari ».

A ces exemples, il faut ajouter les suffixes, toujours accentués du fait de leur quantité, *-ík (ex. *δ't'yk* *δātík* « légal, régulier »), *-mík (dans les ordinaux), *-čík (ex. *srčyk* *sarčík* « qui est en tête, qui est premier »). En outre on a dans *kp'wt'yč* *kapōtíč* « pigeon » et dans les mots *γr'yk* *$γ^{i}$rík* « poussière, sable », *pr'yk* *p^{a}rík* « fée » des exemples de *-íč* et de *-ík* qui ne sont plus guère sentis comme suffixes.

L'ī long inaccentué est rare : on a des formes de *pyl* *pīl* et des composés, comme p. ex. *pyl'n* *pīlắn* « éléphants », *pylp'k* *$pīl^{o}$pắk* « garde-éléphants » qui garantissent le maintien de l'ī ; de même des formes fléchies de *γr'yn-* « acheter ».

La quantité d'un certain nombre d'i reste incertaine : sans autres renseignements que ceux que fournit l'écriture, on hésite, pour certains yods entre les valeurs ĭ et ī. Ainsi dans les exemples suivants : *wyt'wr, wytwr* « au-delà » où la longue est rendue probable par la constance de la graphie pleine : *βyk'* « hors », qui a probablement un ī puisque le *k* est suivi d'un '.

L'-*u*-bref.

95. L'*u* bref est conservé sous l'accent ; il est noté par *w* (et aussi '*w*) ou bien reste sans aucune graphie. On le trouve par exemple dans : *'kwty* *°*kút-* « chien » (cf. yagn. *kut*) ; *'nt'wyst* *ªntúxsºt* « il travaille » (avec '*w* et non *w*) ; *'wswγtk* *ōsúxtºk* « pur, purifié (par le feu) » ; *čγwt-* **čúxᵘt-* « hibou » ; *δγwth*, *δwγth* **δúxᵘtª* « fille » ; *δrγmh* **δᵘrúγmª* « mensonge » ; *δrγw* **δᵘrúγə* « mensonge » ; *γtw* **xwátə* « soi-même » ; *kwn'* **kúnª* « il fit » ; *mwγšk'* **múxškª* « mouche » ; *ptsγws-* **patsúxᵘs-* « s'enflammer » ; *pwγš'* **púxšª* « bouilloire, marmite » ; *swβt* **súβt* « percé » ; *swnpt* **súmbºt* « il perce » ; *tγw* **túγō* « tu » ; *wγwšw* **úxᵘšu* ou **uxᵘšú* « six » ; *wγtw* **úxtə* « dit » ; *yγwtčh* **yúxᵘtčª* « habitué ».

96. Inaccentué, l'*u* bref demeure bien entendu partout où sa disparition aurait altéré gravement la forme d'un mot connu et porteur d'un accent secondaire important encore. Ainsi dans les premiers termes de composés tels que : *'wswγtp'zn* **ōsùxt*+(º)*pǟzªn* « cœur, esprit pur » ; *δrγm's'k* **δᵘrùγᵘ(m)* + *māsǟk* « expert en mensonges » ; *δrγw'nk'r'k* **δᵘrùγwǟn* + *kārǟk* « qui pratique le mensonge » ; *δštw'n* **δùš* + *tᵘwǟn* « infirme ». Dans la forme élargie du mot pour « fille », *δwγδ'ry* que présente l'une des lettres sogdiennes retrouvées par Sir M.-A. Stein, les conditions sont sensiblement les mêmes, bien qu'il n'y ait pas composition ; il faut lire le mot en question **δùγδªrí*.

Dans d'autres cas la forme du mot est seule en jeu, et il est impossible de déterminer jusqu'où est allée la réduction de l'*u* prétonique, ainsi dans *-δwnp'k* *-*δumbǟk* « qui a une queue », dérivé d'un simple **δumb*.

Mais dans tous les cas où les conditions sont normales l'*u* bref inaccentué prétonique tombe comme font l'ĭ et l'ă. On en a vu un exemple décisif au paragraphe 44 : un ancien **ruwǟn-* « âme » est devenu **rwǟn* qui est attesté par le doublet *'rw'n* (*°*rwǟn*) : *rw'n* (**rᵘwǟn*).

De façon toute parallèle la diphtongue *-ir-, notée par -yr- en sogdien s'est développée dans les mots où le timbre palatal d'un *i* ou d'un *y* a triomphé. Tel est le cas pour :

kyrm' **kírmª*, yagnobi *kirim* « serpent » de **kr̥mi-*. Cf. skr. *kr̥miḥ* et d'autre part ossète *kalm* de **karm̍* (v. Miller, *Grundr. d. iran. Phil.*, *Anhang*, p. 36 et surtout Andreas, ci-dessus, p. III).

myr- **mir-*, yagnobi *mír-* « mourir » de **mr̥ya-*. Cf. skr. *mriyate*, avest. *miryeite* et d'autre part ossète *mäl̥in* de **märya-* (cf. Andreas, ci-dessus, p. III).

Deux autres mots présentent un vocalisme aussi défini, mais s'expliquent autrement : ce sont sogd. *pwrnh* **púrnª* « plein » et *wyrky* **wírk-* « loup », qui sont attestés en sogdien syriaque sous les formes *pwrny* et *wyrkyšty* et représentés en yagnobi par *pun* avec le même traitement de *-rn-* que dans *kann* « sourd » (v. ci-dessus § 99) et *ūrk* issu de **wirk* par l'intermédiaire de **wurk*. Cette disparition des sonantes initiales se retrouve dans *ītk* « pont » par exemple. Aucune influence vocalique n'a pu déterminer à ce qu'il semble le timbre qui a triomphé dans *pwrnh* de **pr̥na-* ou dans *wyrky*, de **vr̥ka-*. Mais à côté de **pr̥na-*, on avait des formes infectées du timbre *u* dans **pºru-*, **pºrw-* qui avaient le même sens d' « abondance » et de « plénitude ». A côté de *wyrky*, d'autre part, on a l'ossète *beräγ*, *bīräγ* qui est plus irrégulier encore mais qui présente pareillement une palatale, d'origine d'ailleurs inconnue, dans la syllabe radicale.

Il est intéressant de noter que l'une des premières conclusions de l'exposé qui précède est que sogd. *mrt* « homme » représente un ancien **marta-* et non pas une forme iranienne **mr̥ta-* ; sur ce point il y a accord entre le sogdien et le persan, où *mard* est un autre représentant de iran. **marta-* (v. Hübschmann, *Pers. Stud.*, p. 150). Il serait surprenant que le participe skr. *mr̥táḥ*, avest. *mərəta-*, qui signifie « mort » eût servi à désigner l'homme, le « mortel » qui se dit en sanskrit *mártaḥ*, dans les gāthās *marəta-*. De la même façon sogd. *mrč* « mort (subst.) » est un élargissement en *-č* d'un mot **mar-*, plus ancien **mara-* qui se retrouve en sanskrit sous la forme *maraḥ* et en vieux slave sous celle de *morŭ* ; enfin *βrz* « long, haut » ne répond ni à avest. *bərəz-*, persan dialectal *burz*, ni à avest. *bərəzant-*, persan *buland*, mais à avest. *barəz-* et à persan *bālā*. Aucun de ces trois mots ne présente de prothèse à date ancienne.

101. Un cas tout à fait particulier est celui du thème du verbe « faire » **kunau-* qui a remplacé à une date très ancienne le **kr̥nau-* attendu (cf. skr. *akr̥ṇot*, av. *kərənaot*, v. p. *akunauš*). Il est bien difficile de ne pas voir dans la présence du morphème *-naú-* : *-nu-* le point de départ de la naissance du timbre de la voyelle *-u-* qui s'est substituée à *-r̥-* dans la syllabe radicale ; en effet le thème du participe passé, dépourvu du morphème *-nau-* : *-nu-*, oppose régulièrement **-r-*, ou ses représentants normaux, à l'*-u-* du présent. Ainsi en vieux perse et en persan on a *krta-*, *kard-* en face de *kun-* ; en sogdien *'krt-* en face de *kun-* ; en sariqoli et en chigni *čaugǰ*, *čūžǰ* en face de *kan-*, *kin-*. Par analogie l'*-u-* du thème du présent a été introduit ailleurs : on a eu ainsi en yagnobi *iktá* « fait » (cf. ci-dessus § 99), en vieux perse *akumā* « nous fîmes », *akutā* « il fit », en gilaki *kudan* « faire ». Du coup l'articulation de l'*r* a disparu de ces formes. C'est d'ailleurs l'amuïssement de cette vibrante et non l'apparition d'un élément de timbre *-u-* qui est remarquable au présent du verbe « faire » en iranien : le vakhi oppose *xötk* « fait » à *mörtk* « mort », l'ossète, où n'apparaît aucune influence du timbre d'une voyelle sur une autre, a *k'änun*, *k'änin* « faire » sans *-r-*, tout comme le beloutchi a *k'anaγ* « faire ». Or cette contraction par élimination de l'élément le moins résistant *-r-* du groupe compliqué *-rn-* dans **kurnau-* **karnau-* s'explique par le caractère particulier que le verbe « faire » a pris très tôt en iranien ; *kr̥nau- *kr̥nu- y est devenu proprement un auxiliaire, et, à ce titre il a perdu une part de son sens propre pour tomber au rang de ces mots secondaires qui tendent à s'abréger. On sait quel mot accessoire important *kun-* est en persan moderne ; mais en vieux perse déjà on peut observer comment *kun-* joint à une forme nominale, remplace un verbe à valeur pleine : on lit par exemple Bisoutoun, I, 50 *dītam čaxriyā* « ferait privé = priverait » (cf. pers. *maḥrūm kardan*), et I, 90 *hamaranam akumā* « nous livrâmes bataille » (cf. pers. *ǰang kardan*). Pour le beloutchi on trouvera des exemples de formes telles que *bahr kanag* chez Geiger, *Etym. d. Balūčī* (s. v. *kanag*), et M. Miller a décrit en détail la formation des verbes construits au moyen d'un nom et de *k'änin̥* en ossète où ils sont extrêmement fréquents dans le *Grundriss d. iranischen Philologie* (v. t. I, *Anhang*, § 87) ; quant au sogdien on y rencontre entre autres *γwyčk' kwn'* « il détacha » (*V. J.*, 41c-2c), *δβ'rt kwn'* « il donna » (*V. J.*, 53e), *wγtw kwn'* « il dit, il prononça » (*V. J.*, 762-3), tandis que l'on a par exemple en yagnobi *kūvak kun-* « battre au fléau » *firān kun-* « flairer », *kišta kun-* « labourer, cultiver ».

Les anciennes diphtongues.

102. Les dernières voyelles qui restent à examiner sont les *-ē- et les *-ō- qui représentent d'anciennes diphtongues à premier élément bref *-*ai*- et *-*au*-. Ces diphtongues sont de deux sortes : il y a d'abord celles qui remontent à l'iranien, ainsi dans *δ*aiva*-, sogd. *δyw*-, av. *daēva*-, vieux persan *dēv*, persan *dīv* « (mauvais) génie » et dans *gauna-, sogd. *γwn*, av. *gaōna*-, vieux persan *gōn*, persan *gūn* « couleur, genre, façon » ; ce sont celles dont Hübschmann traite aux pages 141 et suivantes de ses *Persische Studien*. D'autre part, il y a les diphtongues qui sont issues d'anciens groupes du type *-*áya*- et *-*áwa*- sous l'influence de l'accent et par suite de la chute de la seconde voyelle ; on a ainsi sogd. *šyn* **šēn* « place de repos » (cf. arm. *šēn* « village ») de **šáyana*-, **šáin*- et sogd. *nwkr* **nōkár* « et puis alors, là-dessus » de **nawa* + *kará*-, **nàwakára*-, **nàukár*-. On trouvera les formes correspondantes dans Hübschmann, *Pers. St.*, au chapitre où il est traité des contractions (p. 167 et s.).

On peut transcrire les voyelles issues de ces anciennes diphtongues par *-*ē*- et *-*ō*- ; il ne s'agit ni de *-*ī*- ni de -*ū*-. Malgré les variations orthographiques inévitables dans des rédactions et copies de si basse époque, on reconnaît encore aisément que d'une façon générale les représentants des anciennes diphtongues sont notés, au moins dans les mots indigènes, *autrement* que les *-*ī*- et *-*ū*- longs : ceux-ci sont rendus *de préférence* par -*y*- et -*w*-, ceux-là par -'*y*- et -'*w*-. Si bien que de façon normale il est plus difficile de distinguer *-*ē*- et *-*ō*- de *-*āy*- et *-*āw*- que de *-*ī*- et *-*ū*- et que les « anciennes diphtongues » apparaissent encore souvent dans les documents étudiés ici écrites comme de vraies diphtongues. Comme l'orthographe « sogdienne » est fort ancienne, et la langue elle-même conservatrice, il est impossible, dans l'espèce, de préciser le moment où les anciennes diphtongues sont devenues des monophtongues.

Les textes sogdiens en écriture syriaque et vocalisés que M. F. W. K. Müller a publiés (*Sitzungsberichte* de l'Académie de Berlin, 1907, p. 260 et s.) confirment ces conclusions. Ils nous apprennent que les anciennes diphtongues ont fini par devenir *ē et *ō. L'orthographe de ces fragments d'Evangile, car c'est de ceux-ci qu'il s'agit, n'est pas rigoureuse ; elle est, comme l'a indiqué M. Andreas, troublée par la tradition ancienne (cf. *Sitzungsberichte* de l'Académie de Berlin, 1910, p. 309) ; mais dans l'ensemble, elle est assez régulière pour que les faits ressortent. Or, une diphtongue ancienne telle que celle de **raič-* « verser » y est représentée par *e* dans *virêčdâraṭ* « il versa », dans *xēpâṯ* « son (sa) propre », tout comme une diphtongue récente, née de la chute d'une brève inaccentuée, dans *xšēvan* = « roi » (ancien **xšáyavan-* **xšai-van*, ou comme un *-*ǟ*- devenu -*ē*- par métaphonie dans le causatif *žayêrdâraṭ* « il a appelé, convoqué » (cf. § 86).

D'ailleurs, si la langue de ces fragments chrétiens conserve encore la distinction entre *ē* et *ī*, elle paraît se rapprocher beaucoup du degré d'évolution où sont confondus ce que l'on appelle en grammaire persane les *wāw* et les *yā maʿrūf* (connus) et *majhūl* (latents). Ainsi on lit dans la feuille B 38 (*Sitzungsberichte* de l'Académie de Berlin, 1907, p. 266 et s.) *nîpis* « écrivit » (*Luc*, 1, 63) ; *bīōnqyâ* « prophétie », *bîônê* « prophète » (*Luc* 1, 67, 76) à côté de *bēvnêṭî* « prophètes (*Luc* 1, 70) ; *xîpaṯ* « son » (*Luc* 1, 69, 70) à côté de *xêpaṯ* « son » (*Luc* 1, 72, 77). On y trouve aussi le thème *sōq-* « séjourner, durer » (p. ex. *Luc* 1, 80), tout comme encore dans B. 71 (*Jean* XX, 19, 21) en face de *sūq-* dans B 71 (*Math.* X, 15). Enfin on a *nūqar* dans B 71 (*Math.* X, 15). Mais, en somme, les timbres de -*ī*-, -*ū*- et de -*ē*-, -*ō*-, sont encore distingués.

On verra aussi que *-*i* + *a*- semblent donner en position inaccentuée un *-*ē*- d'une autre origine encore.

L'-ē-.

103. Si l'on excepte les *-*ē*- issus de *ǟ* ou de *á* par métaphonie, on a des exemples de *-*ē*- sous l'accent dans :

1° ancienne diphtongue *-*ai*- : *'yw* **ḗw* « un » av. *aēva-* ; *βr'yzkh* **β^{i}rḗž^{o}k^{a}* « ce qui brûle » cf. beloutchi *brējag* et Hübschmann, *Pers. Stud.*, p. 27 ; *cytk* **čḗt^{o}k* « génie » cf. av. *kaēta-* ; *δywt* **δḗw^{o}t* « mauvais génies » ; *γr'yw* **γ^{i}rḗw* « forme corporelle » ; *γwyštr* **γwḗšt^{a}r* « maître » ; *δry* (*'δry*) **θ^{i}rḗ*

« trois » ; *δwy* *$*δ^u w\bar{\acute{e}}$* et *'δwy* *$*^o δw\bar{\acute{e}}$* « deux » ; *'γs'yn* *$*^a xs\bar{\acute{e}}n$* « verdâtre » ; *'ps'ynk'* *$*^a ps\bar{\acute{e}}nk^a$* « bleuâtre » ; *'sp'yty* *$*^o sp\bar{\acute{e}}t$*- « blanc » (cf. *'sp'ytk*) ; *myyk* *$*m\bar{e}x^o k$* « pieu, pal » cf. beloutchi *mēx* ; *nyš'yr* **naxšēr* « animal sauvage, gibier » ; *pr''šy* *$*f^i r\bar{a}\check{s}\bar{e}$* « envoya » ; *pr'yč-* *$*p^o r\bar{e}\check{c}$*- « laisser » ; *prw'yδ-* *$*f^a rw\bar{e}\delta$*- « rechercher, inviter » ; *pt'yδ-* **patēδ-* « demander » ; *rys-* **rēs-* « lécher » ; *wyn* « vue » et *wyn-* « voir » **wēn-* ; *wyš* **wēš* « feuillage » ; *ytkw*, **yētkə* « pont ».

2° diphtongue récente *-ái-* ou *-ài-* : *'γš'ywn* *$*^o x\check{s}\bar{e}w^a n$* de **xsáy(a)wan-* « plainte » ; *m'yδ* **mēθ* « ainsi » de **(i)ma-iθa* ; *nyst* **nēst* « n'est pas, il n'y a pas » de **náy* + *asti*, **naist* ; *šyn* **šēn* « place de repos » de **šáyana-* **šain-* ; *š'ykn* *$*\check{s}\bar{e}k^a n$* « résidence, palais » de **šáy(a)ka-*, **šaika* + *n-*. A quoi il faut ajouter les désinences de causatifs qui ont subsisté (cf. § 40), du type de celle de première personne de pluriel *$\beta^a r\bar{e}m$* de **βaráy(a)ma*.

L'*-ē-* apparaît en position inaccentuée dans des exemples comme ceux qui suivent, par suite d'élargissements secondaires et de compositions :

1° diphtongue ancienne : *'sp'yt'k* *$*^o sp\bar{e}t\bar{a}k$* « blanc » ; *'yw-* **ēw-* en composition avec *-'rδ'kw* **-arδākə* « unanime », *-ywnčyδ* **-yōnč-* « uniforme », *-znk'* *$*\text{-}z\bar{a}nk^a$* « unique », *-t'čh* *$*\text{-}t\bar{a}\check{c}^a$* « isolé », *-st''γ* *$*\text{-}s^i t\bar{a}x$* « isolé » ; *βy'yš'ntk* *$*\beta y\bar{e}\check{s}\bar{a}nt^o k$* « bouillant » (cf. *'βy'š'nt-* pour *'βy'yš'nt-*) ; *δywδ't* *$*\delta\bar{e}w^o \delta\bar{a}t$* « créature des démons » ; *δynδ'r* *$*\delta\bar{e}n^o \delta\bar{a}r$* « religieux » ; *rypβr'k* *$*r\bar{e}p^o \beta^a r\bar{a}k$* « ulcéreux » ; *ryš'k* **rēšāk* « barbe » ; *wyn'k* **wēnāk* « qui a la vue » ; *wyš'kk* **wēšāk* « en feuillage » ; *yyδyn* pour **yyγδn* *$*y\bar{e}x^o \delta\bar{a}n$* « glacier ».

2° diphtongue nouvelle : *'γšywn'k* *$*^o x\check{s}\bar{e}w^a n\bar{a}k$* « régnant » ; *š'ykn'yk* *$*\check{s}\bar{e}k^a n\bar{i}k$* de palais ».

104. Aux exemples ci-dessus il en faut ajouter dont l'énumération appartient à la morphologie plus qu'à la phonétique. Ce sont ceux qui se trouvent dans des morphèmes nominaux, parfois très usités et très vivants, qui sont :

-'yn- **-ēn-*, accentué lorsqu'il n'est suivi d'aucun élément morphologique ou d'un morphème à voyelle brève, tel que *-*ač* principalement. On a alors **-ḗnč* comme finale du mot, auquel répond **-ḗnk*. Le même morphème apparaît en position prétonique lorsqu'il est suivi de *-'k* **-ắk*. Cf. avest. *-aēna-*, pehlvi *-ēn*, *-ēnak*.

-kyn **-kēn* qui est le même morphème que le précédent, en principe, mais précédé de *-k-*. Cf. pehlvi *-kēn*, sogdien syriaque *-kēn*.

-'yγ **-ḗx*, généralement accentué et suivi au plus de **-k-*. C'est un ancien **-aikha-* **-aixa-*.

105. Enfin, les verbes à préverbe *pt-* **pat-*, ancien **pati-* et à préverbe *pr-* **par-* ancien **pari-* présentent un *-'y-* **-ē-* au prétérit (imparfait) entre le préverbe et le radical verbal. Tels sont en particulier *pt'yβr'yn* « fit hommage (?) » ; *pt'yγwš*, *pt'yγwš* « entendit » (de même aux autres personnes) ; *pt'ym'ynč* « revêtit » ; *pt'ymč'nt* « revêtirent » ; *pt'ys'ynt* « approuva » ; *pt'yškwy* « répliqua, dit » (de même aux autres personnes) ; *pt'yz'n* « il reconnut » ; *ptyyrβ'nt* « reçurent » *pr'yβ's* « détourna » ; *pr'yβr* « exposait » ; *pr'ytr* « essuya » ; *pr'ywrt'nt* « transformèrent ». Il s'agit là d'une particularité propre au passé ; les autres temps ne présentent rien de pareil et on voit s'opposer *ptγ'wš-* du présent et du participe passé à *pt'yγwš-*, *ptm'wγtk* (part. passé) à *pt'ymč'nt*, *pts'ynt'y* « tu approuves » à *pt'ys'ynt*, *ptz'nt k'm* « reconnaîtront » à *pt'yz'n*, *ptγrβ't* « qu'il reçoive » à *ptyγrβ'nt*, *prβ'yr* « expose ! » à *pr'yβyr* « exposa », *prw'yrt* « convertit » à *pr'ywrt'nt*.

Or, on sait grâce au témoignage du passé (imparfait) *'β'* de **aβwā* du verbe « être » que l'augment a existé en scythique et, en tout cas, en vieux sogdien. Et il est difficile de ne pas ramener l'opposition entre les formes citées du présent et de l'imparfait à la présence et à l'absence de l'augment. Celui-ci aurait laissé une trace là où le préverbe se terminait par un *-*i*- mais aurait disparu là où le préverbe finissait en *-*a*-. On a en fait :

**patiγauš- ptγ'wš- *patγṓš-*, mais **pati-aγauš- pt'yγ'wš-*, **patēγṓš-*,

**patiγraβ- ptγrβ- *patγráβ-*, mais **pati-aγraβ- pt'yγrβ- *patēγráβ-*,

**patimuxta- ptm'wγt- *patmúxt-*, mais **pati-amauč- pt'ymč-*, **patēmṓč-*,

**patisandaya-*, *pts'ynt-*, **patsḗnd-*, mais **pati-asandaya-*, *pt'ys'ynt-*, **patēsḗnd-*,

**patizan-*, *ptz'n-*, *patzán-*, mais **pati-azan- pt'yz'n-*, **patēzán-*,

**pariβaraya-*, *prβ'yr-*, **parβḗr-*, mais **pari-aβaraya-*, *pr'yβyr-*, **parēβḗr-*,

**pariwartaya-*, *prw'yrt*, **parwḗrt*, mais **pari-awarta*, *pr'ywrt-*, **parēwárt-*.

Il est clair qu'un pareil traitement suppose que l'on a eu dans la syllabe inaccentuée qui précédait le radical verbal *-*i* + *a*- et non *-*ya*-, c'est-à-dire que **pati-*, **pari-* n'ont été soudés au verbe qu'à date tardive.

Deux faits confirment l'hypothèse qui vient d'être exposée. D'abord le passé *ptβ'yntt* « il répondit » qui seul ne présente pas -*'y*- *-*ē*- entre *pt*- *-*pat*- et le radical est précisément un dénominatif récent : c'est un dérivé d'un substantif **ptβ'nt* « réponse, réplique » dont une forme très voisine *pčβ'nt* est attestée. Ce substantif était déjà **patβant* lorsque le verbe *ptβ'ynt-* en a été tiré et la formation de l'-*ē*- dont il vient d'être question était impossible : le sentiment de l'existence propre de *pati-* d'une part, du thème de l'autre n'était plus vivant. En second lieu l'équivalence entre *pč*- et *pt*- dont il vient d'être fait état et qui remonte au parallélisme ancien de *patiš-* devenu **patš-* et noté **pač-* et de **pati-* devenu *pat-* a amené l'introduction par analogie de l'*-ē-* en question au prétérit qui était ainsi caractérisé de façon très apparente. Le sogdien a fait de cette façon : *pč'yy'yz* « s'agenouilla », *pč'ywn'nt* « ils allèrent à l'encontre » (cf. *pčwnt(y)* au présent de l'indicatif), *pčyyrβ* « il reçut » (cf. *pčyrβ't* au présent du subjonctif).

L'-ō-.

106. L'**-ō* apparaît sous l'accent dans les exemples suivants :

1° diphtongue ancienne : *''y'wšt* **āyṓšt* « tourmenté » ; *''ywz* **āyṓz* « tourment » (cf. *pty'wzw* **patyṓz* « trouble ») et *''y'wz-* **āyṓz-* « tourmenter » ; *'βš'wnp-* (*βš'wnp-*) **ᵃβšṓmb-* « dépouiller » ; *'st'wr* **ᵒstṓr* « animaux » ; *βwδh*, *βwδδh* **βṓδᵃ* « parfum » ; *γwn* **γṓn* « espèce, sorte » ; *γwnč* **γṓnč* « forme, apparence » (cf. *zrγwnč* **zarγṓnč* « légume » ; *mγ'wn* **mayṓn* « de cette sorte ») ; *γwš* **γṓš* « ouïe » ; *kwr* **kṓr* « aveugle » ; *mwrh* **mṓrᵃ* « fourmi » ; *ptγwš-*, *ptγ'wš-*, *ptγγwš-* **patγṓš-* « écouter » ; *pts'wč-* **patsṓč-* « allumer, brûler » ; *pwstk* **pṓstᵒk* « livre, sūtra » ; *mwδy* **mṓδ-* « aumône » ; *pwty* **pṓt-* « cocon » ; *rwδ* **rṓδ* « cuivre » ; *rγwšn* **rṓxᵘšᵃn* « brillant, lumineux » ; *tγmy* **tṓγᵒm-* « descendance, semence ».

2° diphtongue nouvelle : *'wδ* **ōδ* « là » (s'oppose à *mδ* « ici) » ; — *'w* « celui-là » est peut-être resté diphtongue, parce qu'il s'agissait d'un monosyllabe. On a eu ainsi de **awa* **áu* qui s'est glissé une fois dans une formation où figure normalement la forme **wa-* des polysyllabes , on trouve un *'wn'kw* dans le sens et l'emploi de *w'n'kw*.

L'**-ō-* inaccentué figure d'abord dans des exemples comme les suivants où l'accent a passé sur des morphèmes additionnels ou sur des seconds éléments de composés :

1° diphtongue ancienne : *''y'wzkr'k āyōz*^{o}*k*^{a}*rā́k* « qui tourmente » ; *'st'wrpδ'k* **^{o}*stōr*^{o}*p*^{a}*δā́k* « les animaux » ; *βwδ'ntč* (et *βwt'ntk*) **βōδánt*^{o}*č* « parfumé » ; *βwδβrn* **βōδβár*^{a}*n* « porte-parfums » ; *βwδstny* **βōδistā́ne* « au parc » ; *γwn'kw* **γōnā́kə* « d'espèce » ; *γwn''y* **γōnā́y* « id. » ; *č'γwn'k* **čaγōnā́k* « de quelle espèce ? » ; *prm'nptγwš'k* **farmān*^{o}*patγōšā́k* « obéissant » ; *pwstakw* **pōstā́kə* « livre, sūtra » ; *rwδynčh* **rōδḗnč*^{a} « de cuivre » ; *rγwšn'γrδmnw* **rōx*^{u}*šnāxarδ*^{a}*mánə* « demeure des astres lumineux (?) » ; *rwpsyh* **rōp*^{a}*sí* « renard » ; *zwt'k* **zōtā́k* « vin ».

2° diphtongue nouvelle : il est difficile de distinguer s'il s'agit d'élargissements en *-*au* ou en *-*u* dans des prépositions, pronoms et démonstratifs, comme *'mw* **^{o}*mō* de **ma* + *u*, **m(a)* + *au* ; *prw* **parō* de **para* + *u* ou **par(a)* + *au* ; *'γw* **axō* ; *'zw* **azō* ; *'pw* **apō*. Ce sont en tout cas des diphtongues inaccentuées à l'origine ; à une certaine date, il est vrai, après la chute des brèves initiales, un dialecte comme celui des Sogdiens chrétiens présente *xw* au lieu de *'γw*, *zw* au lieu de *'zw*, *pw* au lieu de *'pw* ; mais le mouvement d'accent que ces changements supposent n'existe que là où se produit la perte des initiales et en est simplement une conséquence. En réalité d'ailleurs ces mots restent inaccentués dans leur ensemble et un mot tel que *prw* demeure intact. D'autre part on a les dérivés comme *mwn'kw* **mōnā́kə* « de cette sorte » et toute la série (v. § 52) des anciens préverbes tels que **awa-* devenus sous l'influence de l'accent d'intensité **àw-* et **ō-*. Il faut y joindre *nwkr* **nōkár* « et puis alors, et ensuite » qui est fait comme le persan *agár* « si, une fois » ; l'un est *ha-kára*, l'autre est **nàwa-kára* **nàukár* **nōkár* « une autre fois, ensuite ».

Les voyelles d'insertion.

107. Au cours des paragraphes qui précèdent, il a été question très fréquemment de voyelles d'insertion *intérieures*,

Car il est entendu que les faits relatifs à l'initiale qui ont été groupés et étudiés dans leur ensemble n'entrent pas en ligne de compte ici. On a vu aussi que l'action de l'intensité et l'effet des chutes de voyelles brèves inaccentuées sur la forme des mots sogdiens s'étaient trouvés contrariés par des tendances conservatrices soit morphologiques, soit phonétiques. Il a été possible d'établir que la voyelle de jonction entre les termes de mots composés (v. § 69), la brève inaccentuée des causatifs en **-aya-* (v. § 86), la finale des préverbes du type **apa-* (v. § 43, 44) et quelques autres brèves inaccentuées étaient *réellement* tombées. Mais on a constaté que le sentiment vivant de la constitution propre des mots et de la valeur qu'elle représente a tendu à empêcher leur déformation et à assurer la persistance de leur image ; dans des cas comme ceux de *'zγ'nt* ou de *čk''t* (§ 70) d'une part, de *βr'nt* (§ 71) d'autre part, la chute des voyelles brèves inaccentuées n'est pas saisissable.

L'interprétation des faits est, on l'a vu, non moins délicate là où il s'agit de tendances phonétiques s'opposant à la règle générale, phonétique elle aussi, de la chute des inaccentuées brèves. Ces tendances phonétiques sont, en effet, de deux sortes et intéressent l'une et l'autre la constitution syllabique du sogdien. On les retrouve d'ailleurs, sous une forme plus ou moins nette et plus ou moins développée dans d'autres dialectes iraniens ; car elles tiennent à des caractères communs tels que la longue conservation en iranien de l'opposition entre longues et brèves.

La disparition d'un grand nombre de voyelles brèves a amené la constitution de groupes formés de deux consonnes dont certains étaient intolérables en sogdien et qui ont été résolus au moyen de voyelles d'insertion. Suivant leur timbre, souvent difficile à reconnaître, ces voyelles ont l'apparence de voyelles nouvelles, ou de survivances anormales de brèves qui auraient dû tomber.

D'autre part, il s'est formé des syllabes ultra-longues, comportant au moins soit une voyelle longue suivie d'une consonne, soit une voyelle brève suivie de deux consonnes. On sait qu'en persan ces groupes ultra-longs sont résolus à l'intérieur des vers ou hémistiches au moyen de l'*iẓāfat* métrique, c'est-à-dire d'un *i* bref. Il paraît certain qu'en sogdien les syllabes ultra-longues ont été traitées de façon semblable.

108. On a vu plus haut (§ 72) que l'*a* bref inaccentué *semblait* n'être point tombé lorsque sa chute aurait amené la constitution de groupes *voy.* + *cons.* + *cons.* + *cons.* + *voy.* ; ceux-ci devaient être coupés, conformément à la constitution syllabique de la langue, *voy.* + *cons.* + *cons.* + *voy.* + *cons.* + *voy.*, ainsi pour *'ntr'ykw* **antaríkə*, *'pyštr'yčk'* *^{o}*pēštaríčk*^{a}, ou *cons.* + *voy.* + *cons.* + *cons.* + *voy.* comme *nγšyr* **naxšḗr*, *čtβ'r* **čatβā́r*. Dans des mots de ces types il n'y a pas grand avantage à éliminer la notation par *-a-* pour la voyelle qui résout les groupes à éviter.

Il n'en est pas de même là où il s'agit de groupes analogues, mais d'origine manifestement récente, et dont on sait, tout au moins, qu'ils ont été non pas empêchés mais bien résolus. Tel est le cas d'un certain nombre d'entre eux qui se sont constitués tout naturellement dans des composés, où la voyelle de jonction était réellement tombée (v. § 69). En voici des exemples clairs : *''kwγty* **āk*^{o}*wíxt-* « avalambana » ; *''y'wzkr'k* **āyōz*^{o}*k*^{a}*rā́k* « qui cause du tourment » ; *''zβr'k* **āz*^{o}*β*^{a}*rā́k* « qui est plein d'avidité » ; *'ns'wrβr'k* **ansūr*^{o}*β*^{a}*rā́k* « pourvu de choses inestimables » ; *'ywst''γ* **ēw*^{o}*s*^{i}*tā́x* « isolé » ; *βγysť'nčykt*, *βaγistān*^{o}*čík*^{o}*t* « des séjours divins » ; *'st'wrpδ'k*, *^{o}*stṓr*^{o}*p*^{a}*δā́k* « animaux » ; *'wt''kčykt* **ōtāk*^{o}*čík*^{o}*t* « des localités, des établissements » ; *β'rβr'k* **βār*^{o}*β*^{a}*rā́k* « qui porte une charge » ; *βntpt'k* **βand*^{o}*p*^{a}*tā́k* « prison » ; *βwδstny* **βōδ*^{o}*s*^{i}*tā́ne* « au parc » ; *δ'tkn'k* **δāt*^{o}*k*^{o}*nā́k* « perce-mur » ; *δr'wnp'δ'* **δ*^{u}*rūn*^{o}*pā́θ*^{a} « tir à l'arc » ; *δrγwnkr'k* **δ*^{u}*ruγ*^{w}*ān*^{o}*k*^{a}*rā́k* « qui pratique le mensonge » ; *δynδ'r* **δēn*^{o}*δā́r* « religieux » ; *δywδ't* **δēw*^{o}*δā́t* « créature des démons » ; *γw'nčyk* **γ*^{u}*wān*^{o}*čík* « qui a trait au péché » ; *m'rkr'y* **mār*^{o}*k*^{a}*rí* « sorcier » avec la graphie alternante *m'r'kr'k* **mār*^{o}*k*^{a}*rā́k*, où l'élément vocalique d'insertion se trouve noté dans l'écriture par un *ālaph*; *pwny'nkt'k* **pūnyān*^{o}*k*^{a}*tā́k* « maison de mérites » (le premier terme du composé est un emprunt mais l'ensemble est une formation réellement sogdienne) ; *r'δpnt'k* **rāθ*^{o}*p*^{a}*ntā́k* « proche des routes » ; *rypβr'k* **rēp*^{o}*β*^{a}*rā́k* « ulcéreux » ; *w'tδ'r* **wāt*^{o}*δā́r* « être vivant » ; *w'tγr* **wāt*^{o}*γír* « pavillon » ; *z'rβr'k* **zār*^{o}*β*^{u}*rā́k* « venimeux » ; *z'rkr'k* **zār*^{o}*k*^{a}*rā́k* « acteur, chanteur ».

On voit qu'un bon nombre des exemples cités, et parmi eux précisément celui dont la voyelle d'insertion a été notée une fois, supposent que les anciennes sonantes indo-européennes étaient devenues des consonnes. Les « diphtongues longues » telles que **-ēw-* **-ār-* n'apparaissent pas comme formées de voyelles relativement longues suivies de sonantes relativement brèves, le tout valant une tranche vocalique longue, comme en indo-européen ou même en grec. Cependant si le fait que révèle la métrique persane et qui a été vérifié en phonétique instrumentale de l'égalité de *voy. longue* + *n* et de *voy. brève* + *n* valait pour tout l'iranien, il faudrait retrancher de la liste qui précède les exemples tels que *βγyst'nčykt*, *δr'wnp'δ'*, *δrγwnkr'k*, *δynδ'r*, etc.

Il faut noter que ceci s'accorderait bien avec le fait que l'*-ā-* est noté de façon irrégulière devant *-n-*.

109. Bien entendu, les composés dans lesquels la consonne finale du premier terme s'assimile à l'initiale du second, et dont la dernière voyelle est brève échappent aux difficultés signalées ci-dessus ; ainsi *βrzw'n'y* « qui a longue vie », à lire **βarž*^{i}*wān*, *δrzy'wr* « cœur, du cœur », c'est-à-dire **δarž*^{i}*yā́w*^{a}*r*, *knδβrty* « portes de ville », soit **knδ*^{i}*βár*^{o}*t-*.

Sauf ce trait particulier, il ne faut jamais perdre de vue que dans les composés sentis comme tels les éléments ont la forme qui leur revient en tant que mots particuliers. Ainsi des mots comme *ptšk'npy* « dhātu » ou *ptšm'r* « nombre » ne présentent que des amas de consonnes apparents : ils se lisent et se prononcent en effet, de façon régulière, **patšⁱkámbe* et **patšⁱmắr*, d'où peuvent naître éventuellement, à la faveur de l'alternance entre prothèse et insertion **patⁱškámbe* et **patⁱšmắr*.

110. Le cas des syllabes ultra-longues mis à part, on est ramené aux groupes de deux consonnes qui se trouvaient être impossibles en sogdien (v. ci-dessus § 107). En effet, une accumulation de *trois* consonnes finales consécutives ne pouvait être que tout à fait exceptionnelle ; et d'autre part un mot comme *ršt-y* **rắšt-* « droit » ne se distinguait pas de *zyštw* **zíštə* « repoussant » malgré la différence dans la quantité de la voyelle, puisqu'il s'agissait de fins de mots.

Le principal exemple d'un mot terminé par trois consonnes est *'γwštrw* **ᵒxwúštᵘrə* où le timbre de la voyelle insérée entre *-t-* et *-r* n'est pas assuré. D'après la forme qui vient d'être citée on attend soit l'ᵘ qui a été noté dans la transcription, si l'on tient compte de la pratique, assez générale mais non systématique, d'après laquelle le *-w-* qui suit une consonne indique que celle-ci, ainsi que la voyelle brève qui la précède est postpalatale. Mais on a aussi *'γwšt'r'y* dont la lecture n'est pas tout à fait certaine, mais où la voyelle d'insertion est clairement notée par un *ālaph* : on est donc tenté de transcrire **ᵒxwuštᵒrí* plutôt que **ᵒxwúštᵘrí*; d'autant plus que rien n'oblige à admettre que le timbre de ces voyelles d'insertion a été constant et n'a pas varié avec les différentes formes prises par les noms où elles figurent. On verra plus bas qu'elles n'ont pas été moins instables en certains cas que les voyelles d'insertion qui apparaissent à l'initiale.

Dans *'γwšt'r'y*, le groupe consonantique n'apparaît pas comme final, mais l'élargissement du mot n'est que secondaire. De même dans *ptrwγšty*, soit **patrúx^{u}št-* « brisé, écrasé » ; *ptkrnt* « il coupe » **patkárn^{o}t* ; *rγwšn* (avec voyelle d'insertion notée) « lumière » **rŏx^{u}šn*. Il faut ajouter les formes verbales *ptswγsty* « il flambe » **patsúx^{u}stĭ* ; *γγwsty* (avec voyelle d'insertion) « il étudie » **γúx^{u}stĭ*. Pour *prγšnh* « propos », la coupe des syllabes est douteuse.

111. On a déjà vu (§ 36 et s.) que la voyelle d'insertion développée dans les finales du type *cons.* + *m* devait être une postpalatale labialisée, un **-u-* bref (cf. surtout les graphies *prtmw*, *'βtmw*) ; dans le groupe *cons.* + *r*, c'est un **-a-* qui a dû être inséré (cf. sogd. syr. *č'p'r* et ci-dessus § 38).

Dans les groupes formés de deux consonnes on insère une voyelle postpalatale d'un timbre sensiblement égal à celui de *-u-*, lorsque la première d'entre elles était une gutturale, c'est-à-dire en fait un *-x-* vélarisé au contact d'une voyelle articulée dans l'arrière-bouche. De bons exemples sont *čγwty* « hibou », *δγwth* à côté de *δwγth* « fille » et *γγwtč* « habitué », tous avec voyelles d'insertion notées par des « scriptiones plenae », à lire **γúx^{u}t^{o}č*, **čúx^{u}t-* et **δúx^{u}t^{a}*. Le cas des mots à groupes de trois consonnes vus ci-dessus (§ 110), et où la première des consonnes qui se suivent est un *-x-* postpalatal est tout pareil. En effet ce genre d'insertion relève uniquement de la nature de l'*ú* et du *x* : étant toutes deux des articulations gutturales profondes, elles sont liées intimement l'une à l'autre et l'une suppose, en quelque sorte, l'autre, sauf avis contraire. Ce trait de phonétique est iranien et c'est lui qui explique qu'en vieux perse on n'écrive pas *h*, *x* devant ou après *u* ; ce serait, si l'on peut dire, peine superflue. C'est cette particularité de l'*u* et du *x* qui permet d'expliquer l'initiale, si surprenante dans l'écriture et beaucoup moins étrange en réalité, du mot « chameau ». On vient de voir comment l'**u* initial de **uštr-* a été articulé à peu près **xwúštr-*, sans doute comme v. p. *u-š^{a}-k^{a}-h^{a}-y^{a}-a* l'était **hušk-*, et muni d'une prothèse. En fait, il différait moins du mot persan, par exemple, qu'il n'en avait l'air : d'autant que le *ušabāri* (= **uštra-bāri-*; Meillet, *M. S. L.*, t. 17, p. 368 s.) de l'inscription de Bisoutoun était, sans doute, articulé anciennement ***ˣušabāri-* ou, au moins **ʰušabāri-*.

Il semble que les groupes composés de *consonne* + *nasale* aient présenté l'insertion de façon régulière : la nasale n'étant plus une sonante en sogdien, mais une consonne, un mot comme sogd. *kβn* « peu » ne pouvait être articulé **káβn̥* ; on avait forcément sogd. **káβᵊn*, I. *kávin*.

De même *γ'wzn* « cerf » *γwβnw* « sommeil, songe », *wsn* « à cause de » doivent être lus **γā́wazᵊn*, **xwáβᵊn* et **wásᵊn*. On a vu (§ 74) à propos du sort de la voyelle thématique brève placée devant la désinence *-t(ĭ)* de la troisième personne du singulier du présent combien il est difficile en général de reconnaître s'il existe ou non une brève d'insertion entre deux consonnes. Les graphies ne renseignent que peu ou point, et la nature des consonnes qui se trouvent en contact joue un très grand rôle. Entre consonnes identiques ou ne différant que très peu par leur point d'articulation, aucune separation n'est faite ni maintenue, et il y a assimilation le cas échéant : c'est le cas de *'npt* (§ 74) d'une part, de *βrzw'n'y* (§ 69) de l'autre. Il s'ensuit que la question de l'insertion ne saurait être résumée en une formule unique, et que l'on est en présence d'une série de traitements particuliers, de questions d'espèce.

112. C'est ainsi que l'on a admis au paragraphe précédent que les groupes *cons.* + *-n* étaient normalement résolus par insertion. Mais il faut excepter sans doute de la règle le groupe *-rn-*, qui dans l'ensemble de l'iranien occupe d'ailleurs une situation un peu spéciale à cause de la nature de l'*-r*. En effet, *krn* « sourd » et *pwrn* « plein » sont représentés en yagnobi par *kann* et *pun(n)* qui supposent des états intermédiaires anciens **kárn* et **púrn* et non **kárᵊn* ni **púrᵊn*.

La voyelle insérée entre *-m* et une consonne précédente est, de façon régulière une postpalatale arrondie, un *-u-*. Mais dans un mot palatalisé en entier comme *kyrm* « serpent » de **kr̥mi-* (cf. § 100), on a dû avoir nécessairement **kírⁱm* (cf. yagn. *kirim*).

On a déjà vu aussi (§ 74, 2°) que la grande majorité des groupes *r + cons.* ne comportaient pas d'insertion c'est-à-dire que le cas de *kyrm* (yagn. *kirim*) était l'exception, celui de *krn* et de *pwrn* au contraire la règle. Comme on disait *βrt(y)* **βár-t(ĭ)*, on prononçait aussi **márt* pour *mrt* « homme », **-wárt* pour *-w'rt* « (se) tourna », **-wĕrt* pour *-w'yrt* « fit tourner », **wičárt* pour *wč'rt* « décision », **wipárs* pour *wp'rs* « distinction, différence », **wárs* pour *wrs* « cheveux », **wárž* pour *wrz* « créa ».

Les groupes formés de *-s-* ou de *-š-*, suivis d'une consonne ont été aussi très uns, et l'on ne surprend aucune trace de voyelle intercalaire entre les consonnes sourdes qui les forment, qu'ils soient plus anciens ou plus récents. On a de la même façon **wisp* *wysp* « tout » de **wiswa-* que *šyšky* *ššk* **šíšk* « gouttes, larmes », *zšt* *zyšt* **zíšt* « haïssable *-ršt-* **rā̆št-* « droit » et que par exemple *''y'wšt* **āyṓšt* « troublé », participe passé de *''y'wz-* **āyoz-*.

Les mots terminés par *voy. + nasale + cons.* ont été aussi stables que ceux qui viennent d'être cités. Aucune voyelle d'insertion n'est venue se placer entre la nasale et la consonne finale : *'šk'npw* « dhātu » se prononçait **ᵒškámbə* (cf. *šk'npw* **šⁱkámbə*) ; *-δwnp* « queue » **-δúmb* ; *knδh* « ville » **kánθᵃ* (cf. les formes postérieures en *-kent*, dans les noms de villes) ; *knpy* **kámb-* « peu » ; *ptšk'npw* « larmier » **patšⁱkámbə* ; *snk* « pierre » **sáṅg* ; et autres pareils où l'union entre les consonnes finales est particulièrement nette.

113. Il paraît d'ailleurs tout à fait probable qu'il y a eu disparition progressive des voyelles d'insertion dans certains groupes consonantiques. On a vu plus haut (§ 74) que sans doute il se trouvait un élément vocalique bref entre le *-β-* et le *-t* d'une forme telle que *γrβty* c'est-à-dire **γⁱráβ°tĭ* ; un mot de ce type ne pouvait ni ne devait être mis sur le même pied que *'βt *áβt* « sept » d'une part et, par exemple, *swβt *súβt* « percé » (part. passé de *s'wnp- *súmb-*) de l'autre. Ce n'est qu'avec le temps que *γrβty *γⁱráβ°tĭ* est devenu *γⁱráβt*, atteignant ainsi l'étage où se trouvaient déjà un mot comme *'βt *áβt* « sept », un participe passé comme *swβt *súβt* « percé ». Cette évolution apparaît bien dans un cas tel que celui de *s'čt *sā̆č°t* « il convient, il faut », où la perte de la voyelle intercalaire a eu pour conséquence le passage rapide de **sắčt* à **sắšt*, par différentiation de phonèmes en contact (cf. § 75).

Dans d'autres cas la disparition de la voyelle d'insertion est attestée de façon plus ou moins claire par des formes actuelles. Le yagnobi présente, à ce qu'il paraît, des groupes aussi difficiles que ceux qui terminent *kätk* « oignon », *γātk* « nid », *ītk* « pont, passage », que le sogdien n'a pas connu. Le correspondant de yagn. *ītk* y est *ytkw*, c'est-à-dire **yĕ̄tkə*, ce qui donne au point de vue de la constitution syllabique non pas *-tk|*, mais *-t|k-*. L'opposition avec une concordance telle que sogd. *m̄yγk*, yagn. *mīxk* « clou, poteau » est remarquable. Il est curieux en revanche qu'à yagn. *mayz* « cerveau », ce soit sogd. *myzw *máγzə* qui réponde : la métathèse de **mazγ-* en **mayz-* n'a pas suffi, à ce qu'il semble, à faire que le groupe puisse être prononcé d'une seule émission de voix.

Enfin on peut reconnaître une marque de la réduction de la voyelle d'insertion dans son passage à *-i-* en yagnobi : le vocalisme de la syllabe finale de mots comme *ráxšin* « clair » (cf. sogd. *rγwšn*), *rū́γin* « beurre fondu » (de **rōγn-*), *kavin* « peu » (cf. sogd. syr. *qβnw*, sogd. *kβnw*) est parallèle à celui de l'initiale inaccentuée de *dindág* « dent », et de *nimā̆č* et *numā̆č* « prière » (cf. § 70).

114. Il reste un dernier point à mentionner au sujet des **voyelles d'insertion dans les groupes consonantiques finaux.** C'est la présence fréquente d'un élément vocalique final tel que ceux dont il a été fait mention déjà aux paragraphes 77 et 113. Le sogdien connaît, en effet, en dehors de tout élément de dérivation ou de flexion, des *-^{a} et des *-ə finaux notés par -' (ālaph), par -h (hē) et par -w. L'étude de ces finales vocaliques rentre dans celle des finales en général et n'appartient pas ici. Mais ce qui oblige à en parler dès maintenant c'est que dans l'espèce elles servent à résoudre nombre de groupes et à en faciliter la prononciation de façon plus ou moins durable, mais, en tout cas, effective. Bien entendu, cela n'empêche pas que, comme on le verra, ces mêmes voyelles finales se trouvent ailleurs qu'après des groupes.

Voici des exemples de ce rôle de *-^{a} et de *-ə : 'βtrtn'ynčh « aux sept ratna », avec *-ḗnč^{a} ; 'mrγ' « oiseau », avec *-árγ^{a} ; 'ns'wrβrčh « pourvu de choses inestimables » avec *-árč^{a} ; 'ny'z'nk' « de diverses sortes », avec *-áṅk^{a} ; 'ps' « mouton », traité comme si la voyelle radicale s'était amuïe ; 'ps'ynk' « bleuté », avec -*ḗṅk^{a} ; 'pyštr'yčk' « futur » avec *-īčk^{a} ; 'rkh « œuvre, tâche », soit *árk^{a} ; 'spn'ynčh « de fer », avec *-ḗnč^{a} ; 'sprγk' « jaillissant, spirituel » ; avec *-árγk^{a} ; 'stkw, 'stk' « os », *^{o}stkə, *^{o}stk^{a} ; 'šk'npw « dhātu » avec *-ámbə ; 'wp's'nčh « ūpasikā » avec *-ánč^{a} ; 'wswγtp'znh « au cœur pur » avec *-ázn^{a} ; 'ynčh « femme » *ínč^{a} ; 'yšph « jaspe » *ḗšp^{a} ; 'zt' « connu » *ázd^{a} ; βr'yzk' « sécheresse » avec *-ḗžk^{a} ; βwδ'ntčh « parfumé » avec *-ántč^{a} ; čγn' « grenouille » ; čšm', čšmw « œil » *čášm^{a}, *čášmə ; čšn' « soif » čášn^{a} ; δγšth « désert » *δáxšt^{a} ; γ'wzn' « cerf, gazelle » avec *-azn^{a} ; γwβnw « songe, sommeil » *xwáβnə ; γwyčk' « ouvert, détaché » *xwḗčk^{a} ; kβnw « peu » *káβnə ; kβt' « fendu » *káβt^{a} ; knδh « ville » *kánθ^{a} à côté de knδ *kánθ ; kp'wt'ynčh « pigeon » avec *-ḗnč^{a} ; krt'ynčh « sabre » avec -ḗnč^{a} ; myzw « moëlle » *máγzə ;

mryh, mry', mryw « oiseau » **máryᵃ, *máryə* ; *mwčk'* « maître » **mṓčkᵃ* ; *mz'yyk'* « grand » **mazḗxkᵃ* à côté de *mz'yy *mazḗx* ; *nrmh* « obéissance, douceur » **nármᵃ* ; *nš'yδ'tčh* « établi, planté » avec **-ātčᵃ* ; *nysth, nystw* « assis », **nístᵃ, *nístə* ; *pnth, pnt', pntw* « proche », **pántᵃ, *pántə* ; *prδ'ytčh* « étendu, ouvert » **farθāxtčᵃ* ; *pryšnh* « propos » **fráxšnᵃ* ; *prw'yčk'* « antérieur » avec **-īčkᵃ* ; *ptywnk'* « qui tue » **patxwáṅkᵃ* ; *ptywrk'* « qui teint, noircit » **patxwárkᵃ* ; *pwyš'* « bouilloire » **púxšᵃ* ; *pwrnh* « plein » **púrnᵃ* ; *rtn'ynčh* « précieux comme un ratna » avec **-ḗnčᵃ* ; *rwδynčh* « de cuivre » avec **-ḗnčᵃ* ; *snk'* « pierre » **sáṅgᵃ* ; *š'yknh* « palais, résidence » **šḗknᵃ* à côté de *š'ykn *šēkᵒn* ; *šk'npw* « dhātu » **šⁱkámbə* ; *šmn'nčh* « bhikṣuṇī » avec **-ā́nčᵃ* ; *wδ'yšth* « femmes (épouses) » (cf. *wyδyšth* « id. ») ; *wnth* « forêt » **wántᵃ* ; *wyrk'* « loup » **wírkᵃ* ; *wysp', wyspw* « chaque, tout » **wíspᵃ, *wíspə* ; *ytkw* « pont » **yḗtkə* ; *zšt'* « envieux » **zíštᵃ* (cf. *zyštw*) ; *zyrnynčh* « d'or » avec **-ḗnčᵃ*.

115. Dans les documents sogdiens étudiés ici, ces formes, encore fréquentes comme on peut en juger d'après la liste qui précède, sont en régression : comme les formes à prothèse pour l'initiale, elles représentent plutôt la tradition. On a déjà vu que le yagnobi a *ītk* pour « pont, passage » ; il a aussi *níst* « assis », *pun* « plein » qui suppose **púrn*, *kávin* « peu », *inč* « femme », *ark* « tâche ». Le mot « ville » nous a été transmis sous la forme *-känt*. Le suffixe du féminin **-ā́nčᵃ* de nos textes se retrouve comme l'a montré M. F. W. K. Müller (*Uigurica*, I, p. 47, note 1) dans les emprunts mongols tels que *ubasantsa* (= *'wp's'nčh*), *šamnantsa* (= *šmn'nčh*) et a peut-être été emprunté par le mongol sous sa forme ancienne, mais il est impossible de le prouver.

En somme la graphie et la première apparence du sogdien ne doivent pas faire illusion sur sa constitution phonétique véritable. Il en est de ce dialecte, comme il en était sans doute du pehlvi : au premier abord, et si l'on se borne à restituer les voyelles pleines, on a devant soi une langue où les groupes de consonnes sont nombreux et complexes. Mais si l'on y regarde de près, si l'on tient compte de l'état véritable que révèlent des « scriptiones plenae » mises çà et là, des altérations phonétiques qui se manifestent par endroits et que l'examen des formes récentes confirme, on s'aperçoit que le sogdien était une langue très riche en voyelles brèves, sans doute moins variées de timbre à l'époque moyenne qu'à une date plus récente et certainement trop souvent indéfinissables pour nous, mais réelles. Ces voyelles rompent les groupes consonantiques, comme le font les éléments vocaliques furtifs du même type en persan moderne, comme le fait la voyelle ə en arménien (cf. A. Meillet, *Altarm. Gr.*, § 19).

TABLE DES MATIÈRES

VU

le 26 juillet 1912

Le Doyen de la Faculté des Lettres
de l'Université de Paris.

A. Croiset.

VU

et permis d'imprimer

Le Vice-Recteur
de l'Académie de Paris.
P[r] le Vice-Recteur
L'Inspecteur de l'Académie

Fontené.

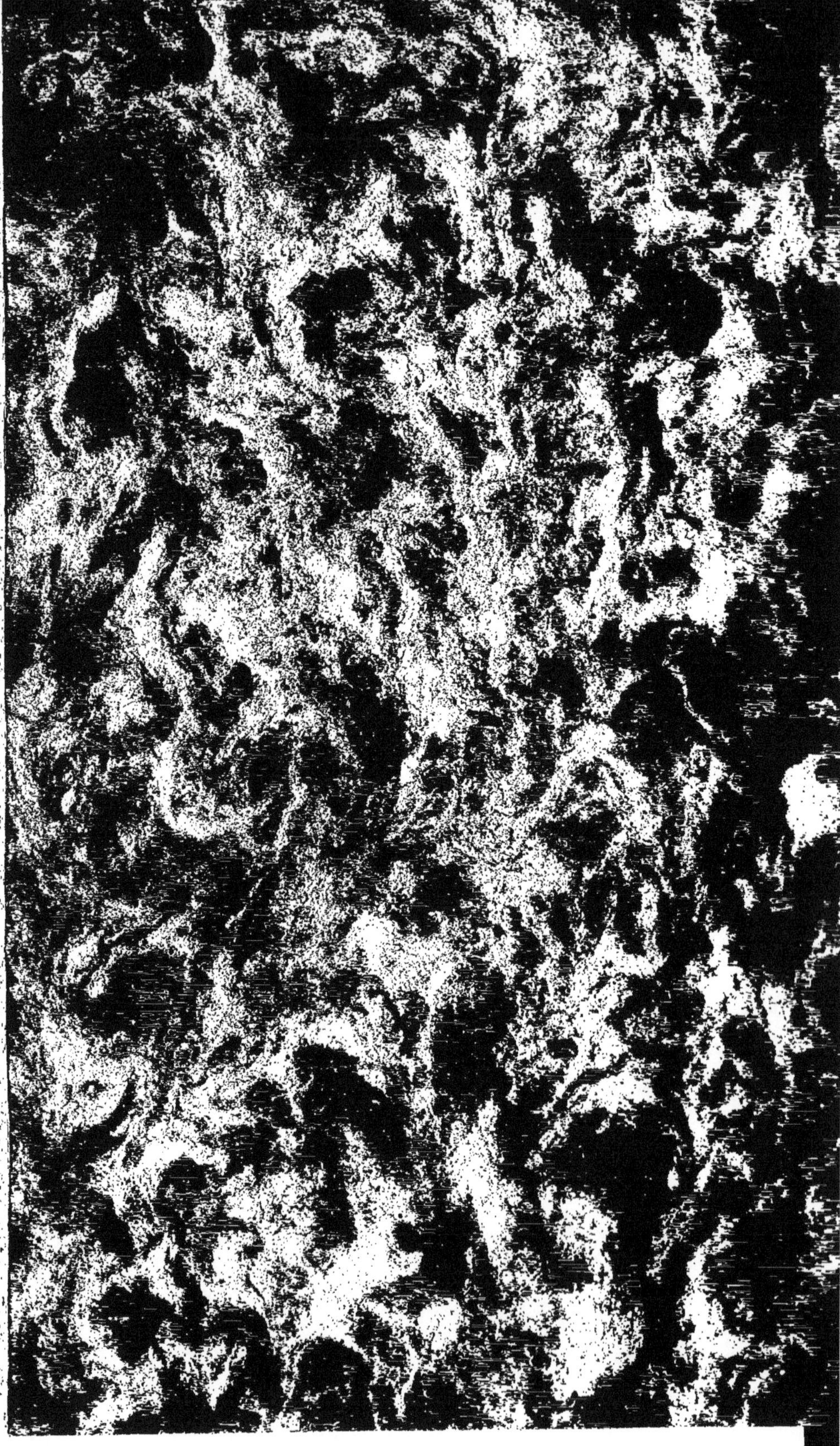

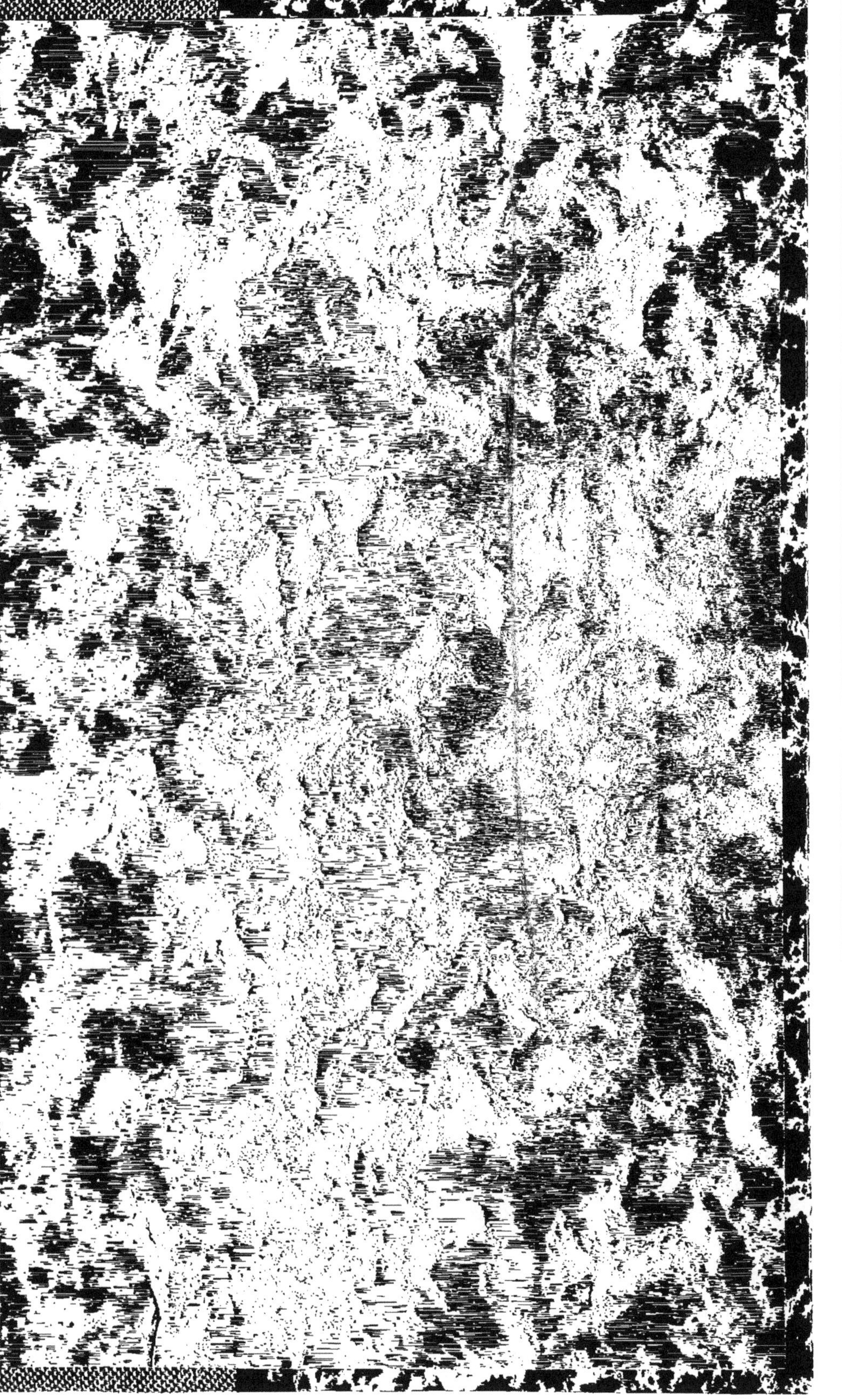

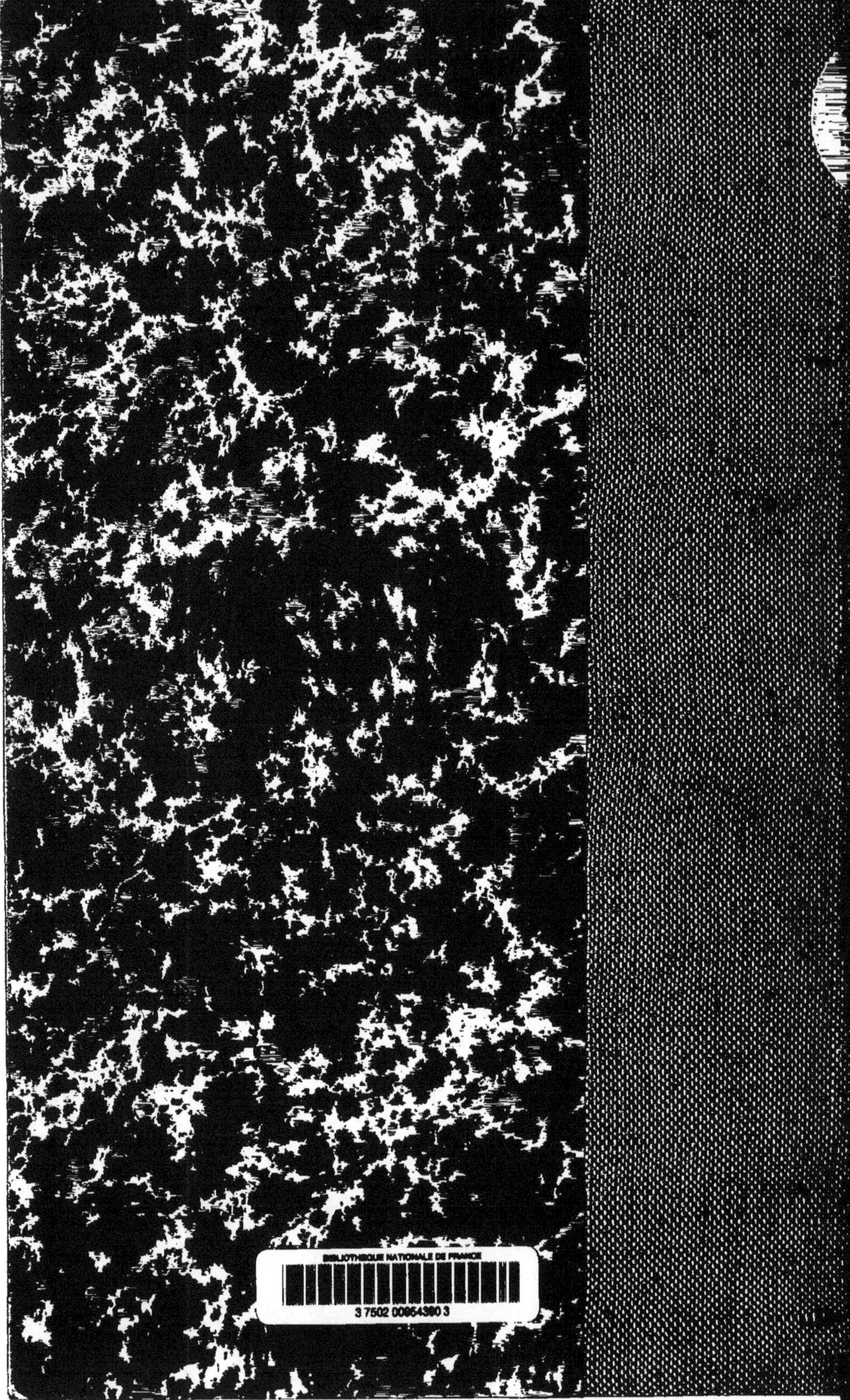

www.ingramcontent.com/pod-product-compliance
Ingram Content Group UK Ltd.
Pitfield, Milton Keynes, MK11 3LW, UK
UKHW022104190726
13855UKWH00002B/633